Sensual Meditation

ハーモニー・メディテーション

五感の覚醒から脳内の覚醒へ

ラエル 著

Copyright © The Raelian Foundation 1984

　本書の著者ラエルは、「1988年の著作権、意匠及び特許法」に基づき、本書の著者であると認められる権利を主張しています。

　この出版物のどの部分も、発行元と著作権所有者に無断で複製、検索システム内での保存、及び電子的、機械的、コピー、印刷、記録など如何なる形態でも送ることは法律で禁じられています。

　ラエルは異星人エロヒムとコンタクトした1970年代に、彼らからのメッセージを本にして出版しました。①『真実を告げる書』②『異星人が私を彼らの惑星へ連れて行った』③『天才政治』④『異星人を迎えよう』⑤『官能瞑想』の五冊です（丸数字は出版順）。

　本書は、⑤『官能瞑想』（原題『La Méditation Sensuelle』）の日本語版です。

ISBN 978-4-900480-38-4

発行元：無限堂

連絡先：mugendo@rael.org

ハーモニー・メディテーション

目　次

序　文　　　　　　　　　　　　　　　　　　　　　　　5

　　序　文 1 ………ミッシェル・デディエ（心理学者）　　　5

　　序　文 2 ………ポール・オジェー（精神医学博士）　　　10

プロローグ　　　　　　　　　　　　　　　　　　　　12

第1章　時計屋が教える時計の使用法　　　17

第2章　完全なる覚醒に至る段階　　　23

第3章　自分自身を認識する　　　27

　　人間——それは、自己プログラミングおよび自己再生が
　　可能な生物コンピュータ　　　　　　　　　　　　28

　　性の分化　　　　　　　　　　　　　　　　　　　40

第4章　意識的な非プログラム化　　　42

　　愛か、それとも利己主義か　　　　　　　　　　　45

　　能力を減退させてしまう習慣　　　　　　　　　　49

　　「瞬間」を捉える　　　　　　　　　　　　　　　52

　　マスターベーション、それは必要不可欠な行程　　54

　　心を無にする　　　　　　　　　　　　　　　　　57

目　次

| 第5章 | 意識的な再プログラム化 | 60 |

真の嗜好の発見　60

| 第6章 | 官能瞑想のプログラム | 65 |

プログラム1………無限との調和　66

プログラム2………生命のリズムの意識化　71

プログラム3………身体の意識化　72

プログラム4………無限のシンボルを前にしての瞑想　74

プログラム5………他の宇宙の発見＝私たちのパートナー　76

プログラム6………相互のエロス化　79

| 第7章 | 官能瞑想センター | 83 |

ガイドの有用性　84

| 第8章 | 証言集 | 87 |

追加情報　*96*

セミナーと各国のラエリアン・ムーブメントの連絡先　*97*

ラエルのその他の著書　*98*

参考文献　*101*

ハーモニー・メディテーション

序　文

序　文 1 ………ミッシェル・デディエ（心理学者）

　ほんの30年前ですら、情報科学が世界を一変させるとは誰も信じなかったでしょう。

　医学や哲学と同じように、技術の分野においても、戦後の様相は一変しました。人間の精神は大変な進歩を遂げたのです。というのも、人間はその環境を、ますます深く認識し、その環境の条件を少しずつ形成したり、コントロールしているからです。また、種々のエネルギーを発見し、新技術の実験にも取り組んでいます。しかも、これらのことが、あらゆる領域で起こっているのです。

　一般大衆の思考も、より知的で洗練された自由な生活という発想のもとで、さまざまな文化的教養を身につけることにより改善されています。

　しかし、もっと驚くべきことは、物質概念の発展です。研究者たちの努力により、物質は息づき、人間に親しみやすいものとなり、精神化してきています。

　かつては、物質は精神と対立するものと考えられてきました。しかし今日では、神経外科および計量心理学の著しい発展により、一般的に頭脳の活動は、より私たちに親しみやすいものとなり、その神秘的な性格は払拭されてきています。

　現在では、脳の機能について、かつて精神病理学や精神分析学によって得られたよりも、はるかに多くのことが解明されています。

　この研究は止むことなく発展し続けていますが、一方で、人々が少し不安に陥っているということも事実です。というのも、彼ら素人は、断片的な知識から結論を引き出すという誤りを犯すからなのです。しかし、躊躇いや当然起こりうる失敗をも乗り越えて、これらのパイオニア的研究者たちを、やはり信頼し続けるべきです。

5

なにしろ、私たちの文明が始まって以来、初めて、科学と精神作用が同じ道を歩んでいるのですから。この両者は、本質的に精神と物質、精神と脳とを不可分一体とする関係にあります。

例えば、さまざまな行動を支配する神経中枢も分かっています。また、一定の状況において生じた感情により、天然のモルヒネ（エンドルフィン）が大脳皮質下に送られることも分かってきました。その生理的な機能を抑制する特性を知ることによって、観測された行動から脳の活動を解明することも可能なのです。

種々の生化学的な交換の中に、あまりにも素晴らしい自動調節機能が見られるので、次第に人間の脳を、自動平衡機能を備えた、一つの社会構造として考えるようになっています。そしてそれ故に、さまざまな生理的障害に対する唯一の解答は、心と身体の相互関係、すなわち「精神」と「物質」の相互関係の中に見いだしうる、ということが分かってきたのです。この二つの観念を対立的に規定することは、最大の誤りです。

精神的覚醒の臨床的概念

精神的な覚醒とは、脳のエネルギーを伝導する各神経機能を、常に自由に操れる状態を言います。

正確な意味においての覚醒状態に達した人間は、知覚した感覚的メッセージの内容を分析するために、いつでも絶えず、これらのさまざまなエネルギーの伝導経路をフルに動かすことができます（しかし通常の人は、覚醒時にこのような生理的な状態には至っていません）。

「絶えざる心理分析」は、外的および内的環境の知覚によって感受されたメッセージと、その心理的処理との間の相互関係の質に影響を与えます。

「知性（intelligence）」は、その心理的処理の水準に左右され、つまり遺伝子コードによって決定されているので、その限度以上に発展させることはできません。とは言っても、知性は非常にわずかしか開発されていないのです。その活動には、殊にそれが内界と外界の知覚に関わる場合には、質のプログラム化を必要とします。

「官能（sensualité）」とは、環境を知覚する能力を意味します。感覚的なメッセージは、五感によって捉えられます。すなわち、視覚、聴覚、嗅覚、触覚、

味覚、これにさらに、テレパシー知覚を加えることもできるでしょう。

これらの感覚による触知は快楽の発生源であり、そして、脳と結びついています。脳は、あたかもコンピュータのごとく、伝えられたイメージを用いるのです。官能は、質的にも量的にも正確な情報を産み出す基礎材料となるので、感覚の中でも最も重要なものです。

エネルギーの良好な心理的伝導の問題を解決するために、無数の治療法が生み出されてきました。例えば、精神分析療法だけをとっても、リラックス療法、グループ療法、アルファ波療法などがあります。

ところが、今日に至っても、脳の意識を細胞レベルと結びつけるために、純粋な官能的エネルギーを用いることで、肉体の覚醒から精神の覚醒に至る方法は存在していません。

しかし、それこそがキーポイントなのです。

官能の著しい改良なくしては、絶えざる心理分析のいかなる進歩も、当然のことながらあり得ません。なぜなら、抽象的な思考を除いては、外的および内的環境からのメッセージの性質が、あらゆる精神的な活動の基礎になっているからです。植物、動物、人間、つまりすべての生命体は、感覚系を備えています。それ無しには、生命は存在できないでしょう。

「感性（affectivité）」は、個人生活の情緒的な側面の全体を支配する深層意識です。感覚的なメッセージは特に深く入り込み、あるものは記憶されます。

感性は、ほとんどの知的活動の基盤を成しています。それは、私たちの深層意識に深く根を下ろしています。つまり、私たちの理性はこうした深層意識に対してわずかの自律性しか持っておらず、したがって、私たちがぜひ必要としているエネルギー秩序の回復のためには、官能を活用する方法が大変重要となってくるわけです。

肉体の覚醒

脳細胞について言えることは、肝臓や心臓の細胞についても全く同じように当てはまります。人体のあらゆる器官、細胞、内分泌腺は、外部および内部エネルギーの変化を知覚できるように、絶えず脳と連結されている必要があります。

すべての一般生理学は、「空間的位置づけ」ということにより規定されます。

すなわち、自己の位置づけを喪失した胃は、自分の役割の一部を忘れ、機能上のミスを犯してしまうのです。このミスは、肝臓や膵臓によって必ずしも補われるものではありません。

　泳げない人の大部分は、もし自分の身体の動きを知ることができれば、恐怖心を克服することができるでしょう。一時的な食欲低下についても同じことが言えます。肉体の覚醒には上限がなく無限に開かれており、そのことは、まったく健康であって、さらに自分の能力を最大限に開発したいと望んでいる人々にとっても、まったく同様なことです。

　覚醒現象は一種の爽快感をもたらします。なぜならその感覚が、筋肉、内臓、呼吸器系および循環器系、さらには細胞のレベルでさえ感じ取られるからです。それは一つの生理的な状態なのです。

官能の覚醒

　官能の覚醒は、肉体の覚醒を引き起こし、その肉体の覚醒がまた、精神の覚醒を引き起こします。官能は性感と共に快楽の発生源であり、それゆえにこそ長い間、主として西洋文化の中で抑圧されてきたのです。

　しかしながら、快楽は大変自然で、かつプラスになる反応です。人間性はこの原理の上に構築されており、さらに一般には生物学自体が、この快楽原理の上に構築されているように思われます。快楽を避ける目的で為されるような行為は、意識的にせよ無意識的にせよ、あり得ません。

　ところが、この領域では道徳が不当な（そして許し難い）抑圧として働くので、快楽を得るために、しばしば不健全で錯綜した道をたどるようになっています。個人の基本的な欲求が、それを満足させる快楽と直接に結びついているのは、決して偶然のことではありません。快楽は単に快いだけでなく、必要不可欠なものです。なぜならそれは、肉体（そして脳）の新陳代謝の大部分を条件づけ、身体の順調な育成をコントロールできるようにするからです。覚醒した人は、その官能を楽しむ術を心得ているのです。

官能瞑想——すなわち自己確認

　官能の完全な覚醒は、残念ながら一朝一夕に成るものではありません。とい

うのは、私たちの官能が、感性の抑圧により退化しているからです。

　私たちは、色、匂い、音楽などの感覚を堪能できるように、神経の緊張をほぐすためにリラックスする必要があります。これもまた、人間にとって重要な栄養素の一つだからです。

　私たちは、空間の中での身体の位置を確認し、また身体の中での、各部の位置を確認しておく必要があります。

　空間の中で身体の位置を確認するとき、人はそれを、他者との関係において脳と結びつけています。なぜなら、人は次第に、環境というものを意識するようになるからです。自分の器官、四肢、内分泌腺の位置を確認するとき、人はそれらを脳と結びつけています。

　空間における細胞の位置を確認するとき、人はそれを、脳と細胞相互とに結びつけています。なぜなら脳自体がすでに、体内における自分の位置をそれ自体が意識している器官に、結びつけられているからです。

　私たちはそれぞれ、「○○―○郎」であり「○○―○子」でありたいと思います。しかし、そのためには、素直に自分自身を感じることを学ぶ必要があります。そして、類似した名称や何かレッテルを貼られたものとしてではなく、純粋に個人的な感覚によって、自分自身を確認することを学ばなければなりません。官能瞑想ではそれが可能であり、さらにそれ以上にまで到達することができます。

　各人の官能的・肉体的な図式にマッチさせる手ほどきが必要な場合は、その実行は個人的なものにとどまります。しかし、だからといって瞑想するためにひとりになる必要はなく、愛する人が側にいることは常にプラスの効果をもたらします。「オルガスム」の手ほどきについても同じことが言えます。官能瞑想は、感覚が完全に自己充足的な状況の中で鋭敏になっていくという意味で、非常に個人的な経験と言えるでしょう。

　瞑想においてはすべてが、あたかも自分が自己確認の過程に投げ込まれたかのように進行し、そしてこの自己確認こそが、人を相互理解へと導いていくのです。

　覚醒の状態は、創造性という実が熟するための豊かな土壌であり、さらに人間関係の質を大きく改善します。瞑想する、ということは難しいことではありません。しかしまず初めに、自分の感覚を自由に操ることを学ぶ必要があります。これが短期間のうちに、開かれた意識へと繋がっていくのです。快感が生

体組織に浸透するにつれて、神経系、筋肉系の結びつきが深まっていきます。

こうして、瞑想を繰り返すにつれて心理的・肉体的な安らぎが得られ、それが人生に新しい色合いを添えるのです。

このように、ラエルの教える官能瞑想は現代の心理学にも適っており、さらに健康をも増進させます。なぜなら、これによって精神の覚醒、肉体の覚醒、そして官能の開花がもたらされるからです。

官能瞑想はまた、情緒的な生活を保ちながらすべての欲求不満を減少させることで、感性の調整器の役割も果たしているのです。

またそれは、薬物やその他の外部からの介入なしに、新陳代謝の自然な平衡維持作用を制御します。

官能瞑想は誰でも行うことができます。そしてそれは、病気の予防と治療に大きな効力を持つと私は信じます。

序 文 2 ………ポール・オジェー（精神医学博士）

ラエルの官能瞑想は、あらゆる種類の人々にとって有益であり、特に現代の時代に生きる人々にとって有益です。

それは本質的に、肉体の覚醒を通じて精神の覚醒に至ることを目的とするものです。その目的からいって、それは、単なるリラックス技法以上のものであり、他の方法と同じように、血液中の酸素増加を利用しているのです。非常に精神安定効果の高い音楽を聴きながら瞑想すると、その暗示作用によって次第に心が静まり、誘導されていくでしょう。

官能瞑想は、人体の各種の生体組織と、それらを構成している各個別細胞の現在の活性と機能の状態を、比較的短時間に大脳皮質に伝える、すなわち「意識する」という明らかな長所を持っています。

また官能瞑想は、無限小を——これは分子生物学上で大変重要なことなのですが、身体の一体性と調和した状態を——賛美して意識することを目指しています。官能瞑想はいうならば、神経細胞や「ニューロン」が、各器官からのメッセージをスムーズに大脳皮質に伝えるのを促進することによって、自分を慈しむ心を育み、科学と共に歩みながら、官能の悦びを湧き上がらせることを達成させてくれるのです。

官能瞑想と科学、この両者は同時に、あるいは交互に、地球的意識を産み出していきます。この意味において、官能瞑想は人間の快楽主義を目覚めさせ、アドレナリンとその有害な派生物質が、脳へ運ばれるのを妨げるものであると私は考えます。脳は、感覚および脳自体が無限大と一体化するために完成され、さらなる完成へと進んでいる複雑な内分泌腺なのです。

　その螺旋的発展は、時間とおそらくは、その速度におけるその収縮である4次元へ、人間が至る道を切り開いていきます。

　要約すれば、生化学的なメカニズムに基づく官能瞑想は、数分のうちに他人を兄弟と見なし、宇宙的な調和のうちに、自分が「創造物」であるのと同時に「創造者」であることの自覚する日を、垣間見るのを可能にしてくれることでしょう。

ハーモニー・メディテーション

プロローグ

　筆者が、異星人と遭遇し、私たち人間が「空飛ぶ円盤」と呼んでいる彼らの宇宙船に乗って、彼らが住んでいる遥か彼方の惑星へ旅行して来たことまでテレビで話しているのを、あなたは何度も見たことがあるでしょう。

　この「エロヒム」という異星人は、筆者に、まことに驚くべき二つのメッセージを託したのでした。それは今、『真実を告げる書』と『異星人が私を彼らの惑星へ連れて行った』という著書（※）で公表されています。これによって私たちは、地球人類が、地球で遺伝子工学の実験を行うために宇宙から飛来した人々によって、実験室で科学的に創造されたものであることを知りました。そして、聖書や地球上の大宗教の基本的な聖典はすべて、実は、この科学による創造の過程を叙述しているのです。

　　　※編集部注：この二つの著書に「異星人を迎えよう」を加えた三部作の合本として、
　　　日本語版が無限堂より『地球人は科学的に創造された』のタイトルで刊行されています。

　旧約聖書の『創世記』の最初から、「エロヒム」という語を見つけることができます。そこには、**「はじめに、エロヒムの霊が水の面を動いていた」**（訳注：『創世記』1章2節）と記されています。そして、「第一日目に、エロヒムはこれをした」「第二日目に、エロヒムはあれをした」等々。この「エロヒム」という言葉が、不当にも「神」という言葉に訳されてしまったことは、「常備用」と書かれた聖書を開きさえすれば、すぐに分かることです。

　しかし、この「エロヒム」という言葉を「神」とは訳さない誠実な翻訳者もいます。なぜなら彼らは、「エロヒム」という言葉は、ヘブライ語では本当は複数形で、文字通りは「天空より飛来した人々」を意味することをよく知っているからです。ですから、あなたもよく探せば、「エロヒム」という語が残っ

ている聖書を見つけ出すことができます。例えば、エドアール・ドルム（Edou-ard Dhorme）訳、Ｎ・Ｒ・Ｆ出版の「プレイヤード」（La Pléiade）双書の聖書はその例です。

　いずれ近いうちに、私たち地球の生物学者たちもＤＮＡをコントロールすることにより、「彼らの姿に似せて」人工的に人間を創造することができるようになります。そうなれば、この真実の啓示の痕跡である聖書の中で、「神」がその姿に似せて人間を創造したと記されている（訳注：『創世記』１章27節）のが何故なのかを、完全に理解することができるでしょう。

　今世紀の初頭になってようやく、空気より重いものが空を飛ぶことが可能となったことを考えると、私たちの先祖である原始人たちが、天空より飛来してきたものを、「神のもの」としか考えることができなかったのも容易に理解できます。太平洋のある島の原住民たちは、今なお、チューインガムとコカ・コーラを手にした、「金属の鳥に乗って天空より飛来した白い神々」を持ち続けているそうです。その白い神々とは、実際には、日本との戦争の際に島の環礁の上に基地を設置していたアメリカ人にすぎず、彼らは戦争が終わると帰ってしまったのです。それ以来、「白い神々」への礼拝が始まり、彼らは「アメリカ製」の物がやって来るのを必死に待ち望んでいるのです。

　しかしながら、実験室で最初の人間を創造した、この異星人エロヒムのメッセージを記した二つの著書は、単に諸宗教のその神秘のベールを見事に暴いているだけではありません。それはまた、人間の開花のための全く驚異的な基本的技法、すなわち「官能瞑想」をも教えているのです。

　筆者がもたらした素晴らしいメッセージの普及を助けるために、筆者のもとに集まった多くの人々は、数年間のフランスやカナダでのキャンプ地で催された合宿の期間中に、この瞑想技術の素晴らしい成果を、感じ取ることができるようになってきました。そこで彼らは、常設の開花センターを設置して、自分たちの周囲の人たちにも、もっと広くこの喜びを教えたいと思うようになりました。

　さらに多くの人々は、自宅で瞑想することを望んでいます。つまり時間のある時に、耳からこの教育内容を聴きたいのです。彼らが、環境の中で受けたさまざまな攻撃によって失われた調和を取り戻し、個人的な開花をもっと進めるためにそうしたいのです。

　こういうわけで、本書と６巻のカセット・テープ（※）から成る、この基礎

13

プロローグ

プログラムが誕生することになったのです。

※**編集部注**：カセット・テープ版は終了し、現在は６つのプログラムのＣＤ版となっています。

　本書には、プログラム１と２を収録したＣＤ１枚が付属しています。これ以降のプログラムＣＤについては、下記の無限堂ホームページをご覧下さい。

　URL　http://www.mugendo.co.jp

　なお、本書の本文中は、フランス語初版発行時の時代背景を尊重して、ＣＤ表記ではなく、カセットおよびカセット・テープと表記しています。

ハーモニー・メディテーション

無限を象徴するシンボル

第1章

時計屋が教える時計の使用法

現象の奥にある本質を掴んだ者は幸いかな────ヴィルジル

　あなたは、無限を象徴するシンボルを見て驚いたかも知れません。でも、どうか安心して下さい。このシンボルは、その中心部分が同じである、あの人類に対する大罪人たるナチスのマークとは違います。この地球の歴史が始まって以来、最もおぞましい大虐殺を行ったあのナチスの紋章とは、何の関係もないことを断っておきます。

　このシンボルは、実際には空間と時間の無限性を象徴しています。頂点が下に向いている三角形は無限小を表し、上に向いている三角形は無限大を表しています。もちろん、この二つの無限は連続しています。中心にあるまんじ、すなわち鉤十字は、時間の無限性を象徴しています。時間の無限性ということが、無限の過去と、無限の未来を、共に意味していることは明らかです。

　私たちよりも2万5000年進んだ科学を持つエロヒムは、次のようなことを明らかにすることができました。つまり、私たちの身体を構成する原子のそのまた微粒子は、それ自体が宇宙であり、その中には私たちと同じような知的生命体が住む惑星も存在しています。そして、その知的生命体を構成する原子のそのまた微粒子も、それ自体が宇宙であり……。

　したがって、逆に私たちのこの宇宙の星々は、ある巨大な知的生命体の、どこかの部分の原子のそのまた微粒子を構成しています。そしてその巨大な知的生命体も、私たちと同じように彼の惑星上で夜空を見上げながら、宇宙には自分たち以外にも生命は存在するのだろうかと、思案しているかもしれません。ところが、その彼の宇宙も、さらに巨大な生命体にとっては、その原子のそのまた微粒子にすぎない、という具合に無限に続いていくのです。

実験室で私たちを創造したエロヒムは、また、時間の経過はそれが関与している宇宙の質量に反比例することを発見しました。すなわち、先の説明をもう一度使えば、我々にとっての１秒が経過する間に、私たちを構成している原子中の惑星上の生命にとっては、何千年という時間が経過してしまうのです。逆に、我々の一生も、地球がその原子のそのまた微粒子にすぎない巨大な生命体にとっては、何分の１秒にも満たないのです。

彼らエロヒムは、このように進んだ文明に到達しており、聖書に述べられているように「土の塵で」（訳注：『創世記』２章７節）、すなわち地球の土の中の化学物質から、実験室で生命を創造することができます。ですから、彼らにとっては、その創り出す生物にさまざまな形態を無限に与えていくことは、何の雑作もないことです。蝶の羽の色であれ、花びらの形であれ、すべて彼らが思い描いたものを、遺伝子コードにプログラムすることは簡単なことなのです。固体の物理的な側面だけでなく、心理的な特性についても同じことが言えます。

つい最近、動物の行動を支配する脳内部の化学的な交換に影響を及ぼすことによって、狼を臆病にし、逆に羊を凶暴にするといった具合に、動物の行動を変える実験が成功しました。もっとも、人類の科学は、この領域ではようやく初歩的な段階に到達したにすぎないのですが。

したがって、実験室で動物を創造するときは、まずその物理的特性を決定し、次にその心理的特性を決定します。後者の心理的な特性は、明らかにその外形を左右するので、もし草食動物を創るとすれば、草を食べるのに適した歯並びを考えなければなりません。

もし、ある動物を非常に寒冷な地域で生息させようとすれば、厚い毛皮を付けてやる必要があります。そして、もし、その動物がある期間は雪の中を動き回らなければならず、しかも同じ地域に、それを餌とする肉食動物がいるとすると、その動物の毛皮は危険な期間中は、雪のような純白色に変わらなければなりません。

生殖について言えば、この「組み込まれた癌」、つまり、忠実な再生となるもう一つの生命となるべき生細胞の、母胎内での生成発展に必要な器官を動物に与えなければなりません。

また、１年のうちのある期間は、メスが交尾をするために、オスを引き寄せる香りのする物質を発散するようにしておく必要があります。オスはもちろん、その香りを感ずる器官を備えており、その器官は脳の或る中枢に繋がっていて、

その中枢がオスに交尾欲求を引き起こすことになります。

　ある種の蝶では、オスはメスの発する香りを、数キロメートル先からキャッチすることができます。これによって、その「嗅覚」の鋭さが分かるでしょう。

　このように私たちは、これから創ろうとする動物のオスとメスとの間に、どのようにして交尾欲求を起こさせるかを見てきました。次には、交尾それ自体が、オスとメスの双方の脳内に、快感を生じさせるようにしなければなりません。それは、「パブロフの条件反射」の力を借りて、両者が再び交尾欲求を持つようにするためです。そのためには、快感を生じさせる刺激を脳に伝達する神経末端が、性器官に備わっている必要があります。従ってまた、強い快感を得るためには、オスとメスの性器官の接触面積が十分に広くなくてはなりません。

　こうして、私たちが創ろうとする動物の機能に連結した心理的特性が、物理的な特性の大部分を条件づけるのです。

　私たちが創ろうとする動物の、心理的、物理的、そして行動上のあらゆる特性は、遺伝子コードにプログラムされます。それは、筆者の書く文字が、長くて読みづらい文章、短くて分かりやすい文章、技術的で難解な文章、あるいは詩的で情熱的な文章のいずれにもなり、またアルファベットの同じ文字が、読者に恐怖感、嫌悪感、性欲、唾液分泌など、さまざまな反応を起こさせるのと全く同じです。

　文字を一定の仕方で並べる代わりに、原子や分子を一定の順序で配列することにより、二つの羽を持つ動物や四足動物、草食もしくは肉食の動物、胎生類もしくは卵生類など、何でも創り出せます。

　この、あらゆる生物が持っている遺伝子の文章が、科学で「遺伝子コード」と呼ばれているものです。それは伝統的な秘教においては、各動物に固有で、各動物がそれに対応している「各動物の名前」、と呼ばれてきました。

　このように、私たちはある生物を創造するとき、その物理的・心理的特性、習性そして言葉を、私たちの望み通りにすることができるのを学んできました。

　エロヒムが地球に生命を創造したとき、数えきれないほどの種類の動植物を創り、それらの創造物の習性と増殖システムとの間に均衡を図って、生物が全体として繁殖し、環境が創造時と同じである限り、長く生き残るようにしたのです。

　いま流行りの言葉で言えば、エロヒムによって実験室で創造された地球上の

動植物の全体が、生態学的な均衡を維持しなければならないということです。植物は草食動物の餌となり、草食動物は肉食動物の餌となります。肉食動物が増えすぎると餌が足りなくなって弱体化し、伝染病で多くが死んでしまいます。伝染病では殆どの肉食動物が死んでしまうので、草食動物は再び数多く繁殖することができます。もはや肉食動物がいないので、草食動物は多くの餌を食べることができ、こうして、このサイクルは無限に続いていきます。交互に補い合うこうした不均衡の連続が、創造物全体を存続させる、生態学的な全体の均衡を可能にしていくのです。

エロヒムが最終的に、聖書にあるように「**自分たちの像に**」人間を創造すること（訳注：『創世記』1章26節）を決意したとき、彼らは、人間に彼らと同じ心理的・肉体的特性を与えることにしました。時計を造った時計屋以上に、時計のことを知っている人がいるでしょうか？　いる筈がありません。

したがって、人間の心理的特性は明らかに、創造者によって意識的に付与されたものですから、創造者のみが、その最も良い使用法を知っていることも明らかです。

そうすると、動物と人間との違いを明確にしておくことが重要となります。なぜなら、動物はその環境を改良するようには創られておらず、あるがままの自然の中で開花するように創られているという単純な理由によって、動物は自然のままで開花するからです。それに対して人間は、その環境を改良することができるように創られています。その上、動物が変更不可能な習性を与えられているのに対して、人間はあらゆる面で、習慣を変更することが可能です。

例えば、住居を例にとれば、駒鳥は常に同じやり方で巣を作り続けますが、人間は丸太小屋からエスキモーの氷雪の家、そして超高層ビルに至るまで、さまざまに変化してきました。

ところが皮肉なことに、この人間を特徴づけている高い知性が、人間が自然に開花しようとする際に感じる困難さの、正に本質的な原因でもあるのです。

鳥がよく眠り、よく食べ、そして太陽の下でその羽を伸ばしているとき、鳥は自然に完全な調和を達成しています。鳥は、可能性を最大限に活かしきっており、他にすることは何もありません。鳥にとってのそうした状態は、羽を持って生まれてきたことから「自然に生じる結果」なのです。なぜなら、鳥はその生き方や習性について、決して疑問を抱かないようにプログラムされているからです。つまり、鳥およびすべての動物は言わば、完璧にプログラムされて

第1章：時計屋が教える時計の使用法

しまったコンピュータと言えます。

　それに反して人間は、誕生して以来、自らに問いを発し続けてきました。もっとも、だからこそ人間は創造者なのですが。よく眠り、よく食べた後でも、人間は食糧不足の時に備えて、十分に食料を蓄積することを考え始めます。そして、それが終わったら、また別の問題を考え始め、次から次へと、あらゆる事柄を問題にし始めて、尽きるところがありません。

　もし人間が、一生涯、生きていくのに必要なすべてのもの、つまり食糧や住居のすべてを十分に保有しているとしても、それでも常に、予見できない企てに取りかかっていくでしょう。その企ては、芸術の愛好からくる芸術的な創造かもしれないし、財産を増やすための事業の創設かもしれないし、あるいは単に、何か一つの「仕事」に打ち込みたいというだけのものかもしれないし、要するに、何でも良いのです。

　それが、住居、食料、仕事、休息であれ、あるいは性生活においてさえも、人間は常に変化を求めます。人間が動物とは違って、自己プログラミングが可能なコンピュータとして創造されたことが、その単純にして明快な理由です。すなわち、人間は常に、その習慣、伝統、習性に対して疑問を投げかけることができるのです。

　自分自身に不断に問いかけを行うこの能力が、人間の動物に対する特別の優位性を形づくるものであり、そして完全な覚醒に至るために、この能力を最大限に開発する必要があるとすれば、人間は、環境の中に自分を正しく位置づけることが必要となります。それは、このトレーニングを行っている際に、快感を感じたその瞬間をハッキリと意識することであり、それによって後に、自己プログラミング能力の発揮がもっと効果的になるわけです。

　人間の度を過ぎた絶えざる問いかけの中のこの一休みは、ちょうど鳥が、太陽の光を浴びながら一枝に止まって、ただ歌う喜びのためだけに歌っている瞬間に例えることができるでしょう。

　これは、私たち人間という素晴らしい機械の「使用法」の一部であり、私たちの創造者が今、私たちに手渡したものです。それは私たちが、ようやくそれを理解して活用できる文明の段階に達したからです。

　時計屋以上に、時計の使用法を、上手く説明できる人がいるでしょうか。「官能瞑想」は、実験室で私たちを創造するために、遥か彼方の惑星から飛来した異星人、つまりエロヒムから明かされたものです。ですから、人が開花す

21

るための最も単純で、最も効果的な技法なのです。なぜならこれは、私たちを創造した人たちから与えられた技法なのですから。

　確かに、すでに現在までに無数の技法が存在しており、その大部分は東洋から来ています。東洋では、遥か昔に、エロヒムが開花のための技法を、仏陀やチベットの修行僧らに示しています。しかし、この瞑想教育は、信仰や奇妙な迷信になおも囚われていた、原始人に対して為されたために、彼らは総体的に誤った理解や不完全な理解しか持つことができず、弟子から弟子へと伝わるうちに、ほとんどが完全に間違ったものとなってしまいました。

　宗教のほとんどは、原始的な信仰と、エロヒムから示された瞑想教育とがゴチャ混ぜになっています。ですから、確かに一面では、開花のための優れた方法を伝えてはいるのですが、他面では、深く根づいた神秘主義と時代遅れの因習に、どっぷりと浸かっているのです。

　エロヒムからのメッセージによって再発見された本来の瞑想教育とは、原点への回帰であり、それによって、すべての東洋的技法の元にある物質的な基礎を、解明することが可能となります。そしてこのことは、私たちの創造者が、彼らの創造物である人間を我が子のように愛していたが故に、その人間の境遇を改善しようと、当初から絶えず手を貸してきたことの証明ともなります。

　ところで、原始的で神秘的な宇宙観から生じた、誤った観念や罪悪感を心の中から払拭しない限り、完全な調和を達成することはできないということも、付け加える必要があります。そういうわけで、東洋に起源を持つ団体の教える一定の瞑想法は、優れたものもあるのですが、結局は、その教育のほとんどすべてに深く染み込んでしまった神秘主義的な色合いにより、その効果が多かれ少なかれ、相殺されてしまっているのです。

　何世紀にも亘って背負い込んできた神学的な難解さを取り払って、本来の開花の技法を再発見することこそ、「官能瞑想」の実践を可能にする道なのです。

　それでは、時計屋が教える使用法に戻ることにしましょう。

第2章

完全なる覚醒に至る段階

　完全なる覚醒に至る道はいくつかの段階に分かれており、それは定められた順序に従ってのみ、登って行くことができます。実際、最初から一段ずつ登っていかなければ、頂上に到達することはできません。

　最初の段階は、自己の現状の「自覚」です。すなわち、自分の人生の平凡さ、目的の不存在もしくはその凡庸さ、今までの人生を無駄に過ごしてきたこと、卒業証書、金、理想の伴侶などを追い求めてきたこと、そして、今また社会の中で、いや家族の中でさえ、「不本意な」役割を演じていることを自覚することです。

　こうした不満足の自覚は、他ならぬ現在の、あなたのことです。そうではない？　そうでなければ、あなたはこの本を読んではいないでしょう。

　それでは次の段階に移りましょう。それは情報です。一般的に、何かまだ自分が体験していないものがあると自覚するのは、情報に対する渇望を感じさせるような事件に遭った時です。それは例えば、最も優れた規範や生活方法であると自分たちが思っているものとは異なる規範や方法で生きていながら、自分たちよりも幸せそうに見える人と出会った場合です。あるいは自分たちが、明瞭で異論の余地のないものと見なしてきた事柄が、突然不確かに見えるような映画や本に出くわした場合です。

　つまり、こうした「きっかけとなる事件」や好運な出来事によって、人は、自分とは別の生き方、別の考えがあるかもしれないということを自覚します。教育によって私たちに教え込まれてきた一定の原理に疑問の目を向けることが、一見破廉恥で、けしからぬことのように思えても、人は、「自分たちの規範」か

ら外れて生きている人たちが、本当に幸福なのか、あるいは彼らの微笑みの下に、恐怖や絶望が隠されてはいないかどうか、知りたいと思うでしょう。

この場合に大事なことは、一切の先入観を持たずに、とりわけ、いつも中傷ばかりしている人たちの言う悪口に囚われることなく、本当に自分の内心に問いかけてみることです。中傷ばかりしている人たちというのは、新しいものが、自分を今よりも不幸にするのではないかと恐れるあまり、既存のものに疑問の目を向ける勇気を持たず、むしろ、新しいものを中傷する方を選んでいる人たちなのです。

気の弱さ、恐れ、不幸、これが私たちの祖先である原始人以来続いている、伝統・習慣・迷信にしがみついている人たちの精神状態です。原始人にとっては、理解できないものはすべて必然的に、奇蹟、神の業、さもなくば悪魔の仕業でした。彗星、黒猫、月食、すべてが悪運を祓う口実となったのです。なぜなら、おおよそすべてのものが、良いことか悪いことかの、必ずどちらかの前ぶれにはなっていたからです。

今日、私たちは、私たちを取り巻くすべてのものを科学的に分析し、明瞭に説明することができ、実験室で生命を創造し、惑星間宇宙を旅し、動物の行動や色を変化させ、電子義眼により盲人に光を与えることができます。従って、これらの迷信のすべては、もはや何の意味もありません。にも関わらず、私たちはそうした迷信の中で育てられ、教育され、条件づけられてきたのです。

人間が月面を歩いているというのに、一方では、新しいローマ法王の選挙が新聞の一面を賑わしたり、オカルト映画が大当りしたり、乾期に雨を降らせるために、宗教的行進をアメリカ人が行ったりする理由がそこにあります。

しかしあなたは、偏見なく真実を知ろうとする道を選んだのですから、あなたはこうした状況の愚かしさを、自分自身で理解し始めたことでしょう。こうした状況というのは、国民を無知蒙昧にすることで、国民があまり多くの疑問を抱かないようにするために、諸政府による周到に練られた政策によって生じているのです。

さて、瞑想のプログラムに話を戻しましょう。

次章から詳しく説明しますが、情報が与えられれば、意識全体のレベルが次第に向上するにつれて、新しい自覚が生じてくるでしょう。すなわち、私たちが当然と思ってきたことが、実は単に、教育によって植え込まれた結果にすぎないということが、この自覚から生まれてくるのです。

次に第三の段階。この段階がおそらく、最も重要なものです。この段階において、人は、今まで体験したことのない事件を前にして、自分の生活環境の中から今まで受け取ってきた用済みの諸観念を、意識的に取り除いていかなければなりません。

私たちの行動を支配している一切合切の洗濯、これが第三の段階です。それは、自分自身で行う「脳の洗濯」です。脳の中には、私たちの意識的、あるいは無意識的な（こちらの方がより厄介で危険でもある）束縛を生じさせている、あらゆる要素が乱雑に詰め込まれているからです。

要するに、私たちの行動と反応の一切を、もう一度ふるいにかけてみるのです。そして、どれが教育を受けた結果で、どれが自分固有のものであるかを見極めて、そのうちの教育によるものは、それが自分の嗜好や奥深い願望に反する場合は取り去ってしまうのです。

私たちの嗜好を知らないうちに左右している、意識的あるいは無意識的な一切の要素を取り除いたあと、私たちは第四の段階に到達します。この段階において私たちは、教育者や両親や、それに付随する諸環境には一切よらないで、純粋に何が自分固有の本当の嗜好かを発見することにより、自分自身を意識的に再プログラミングするのです。

私たちの心の中に、諸々のタブーを生じさせた一切の要素を排除しながら、私たち自身の官能を自覚することにより、この意識的な再プログラミングは達成されます。すなわち、私たちが包含し、且つ包含されてもいる無限と、私たちの存在とを結びつけている感覚を最大限に活用することによって、それは達成されるのです。

こうして、いよいよ最後の第五段階に近づいていきます。この段階は、時間と空間の総体的な自覚により、完全なる覚醒を志向する段階が無限に高まった結果生ずるものです。そこでは、常に最高の調和の中で生きていくことを可能にする、高次の意識に到達するのです。

しかし、まずは最初から始めましょう。そして、最初の一歩から躓かないように気をつけましょう！

完全なる覚醒に至る段階

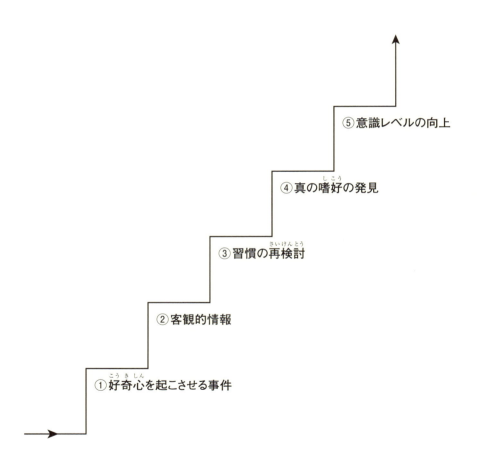

第3章

自分自身を認識する

　私たちの受けた教育は、知らないうちに私たちを条件づけ、いつのまにか私たちを、教育者によって偽善的に持ち込まれた、二つの傾向の間を漂う存在にしてしまっています。

　二つの傾向のうちの一つは、「正義の神」への信仰で、人間はその神によって超自然的に創造されたとするものです。もう一つは、人間は想像を絶するような偶然の連続による、長い進化の結果で生まれたもので、私たちの祖先は猿であるとする、科学の衣をまとったドグマ（訳注：宗教上の教義）です。もっとも、多くの「科学者」は、週日は進化論の話をしておきながら、日曜日の朝にはミサに出かけるのですが。

　さらに悪いことには、子供がしつこく「どうして？　なぜ？」と尋ねると、十中八九は、「黙ってスープを飲みなさい」と言うことです。

　これはどうしてなのでしょうか？　それは教育者自身が、絶えずこの二つの間、つまり、彼らの子孫たちにぜひとも伝えていかなければならない神聖な伝統と、教育要綱を決定する上層部が正当と認めた、科学的と云われる理論との間を揺れ動いているからです。（※）

　　　　※原注：進化論に疑いの目を向ける科学者たちが現れ始めており、アメリカの
　　　　ある大学では、創造による可能性も同じくらいに存在すると教えています。『進
　　　　化か創造か（Evolution ou création）』という本は、どの点で、進化論という
　　　　ドグマに科学的に反証できるかを示しています。

　こうした状況の中で、どうして教育者自身の心がぐらつかないことを望めるでしょうか。そして、もし教育者の心が揺れ動いていれば、その動揺は、その「教え子たち」にも必然的に伝わっていくでしょう。これでは「育成」（former）ではなく、「阻害」（déformer）です。

私たちの存在は知的な行為の結果であり、私たちは他の惑星から飛来した人々により、彼らの姿に似せて実験室の中で創造されたことを発見すること、すなわち、私たちがどこから来て、なぜこの地球にいて、これからどう成ることができるのか、を理解することでこの問題の様相は一変します。

さらに、前に少し述べたように、この人間という時計の使用法を、時計屋自身から再び伝授されるチャンスが私たちには与えられているのです！

しかし、使用法に触れる前に、まず時計が実際には何に似ており、どのように動くのかを見てみましょう。

人間──それは自己プログラミングおよび
自己再生が可能な生物コンピュータ

私たちは一種の機械、コンピュータ以外の何物でもありません。しかし、その性能を、人間が製造したものと比較するのは馬鹿げています。

機械が動くためには、まず第一に「エネルギー」が供給されなければなりません。私たちは空腹になると働くのをやめ、力を取り戻すために食事をとります。イギリスの研究家が、金属性のロボットを、つまり一日中動くフォークリフトを製造しました。バッテリーが底をつくと、車輪とテレビカメラを備えたその機械は、作業をやめて、コンセントのところまで行って自分で充電します。それは、私たちと全く同じように「食べ」、バッテリーに十分充電されると、スイッチを切って再び作業に戻るのです。

このように、欲した時に自らエネルギーを補給できることが、人間の機械に対する優越性ではないということが分かります。

それどころか、人々は実際には、太陽エネルギーで動き、しかも雨期に備えてそのエネルギーを蓄えておくことのできるロボットを使って働いています。ですから、エネルギー補給のために作業を中断する必要はなくなりました。

ところが人間の方は、太陽光線だけからエネルギーを補給することはできません。従って、エネルギー補給という面では、人間は機械に劣るのです。

それでは、「視覚」は人間の優越性を示しているのでしょうか。すでに述べたように、ロボットは「見る」ことのできるテレビカメラを備え付けており、私たちがするのと全く同じように、障害物の間を正確に通り抜けて行くことができます。このテレビカメラは、ロボットに内蔵されたコンピュータに繋がっ

ており、このコンピュータが正確に分析します。それはちょうど、人間の脳が送られてきたイメージを分析するのと同じです。

　ここでもやはり、人間の機械に対する優越性は見られません。それどころか、ロボットには、色々なレンズの付いたテレビカメラを容易に備え付けることができます。ズームレンズを付ければ数キロメートル先の物を見ることができます。拡大レンズを付ければルーペで見たように拡大して見ることができます。顕微鏡を付ければ極微の世界を見ることができます。赤外線カメラを付ければ真夜中でも自分の居場所が分かります。

　これと同じだけのことを、人間が即座に、しかも同時に行うことは不可能です。そのためには、人間は双眼鏡、ルーペ、顕微鏡あるいは赤外線メガネを用いなければならず、しかも、それらのすべてを同時に使うことは、どうしてもできません。ここにも、人間に対する機械の優越性が存在します。

　別の感覚である「聴覚」に移りましょう。私たちは、私たちを取り巻いている音波の、ほんの僅かしか聞き取れないのは周知のことです。音波でも、振動数の高すぎるものと低すぎるものは聞き取ることができないのです。

　犬は、人間が聞くことのできない音を聞き取ることができます。ロボットは、超音波探知器を備え付けることができます。その上、その音の方向と距離までも正確に探知することができます。ここでもロボットは、人間には不可能な性能を有しています。

　「嗅覚」についても同様です。人間は、「これはいい匂いだ」とか「これは悪い匂いだ」とか言うことしかできず、匂いの分析を行うことはできません。しかしロボットには、即座にしかも正確に、匂いの成分、方向、発生地からの距離、危険性（人間には無臭の有毒ガス）の有無などを分析する探知器を備え付けることができます。

　「触覚」についても、人間は非常に制限されています。私たちは何かに触った時、「熱い」、「冷たい」、「固い」、「柔らかい」などと言いますが、これでは全く漠然としています。コンピュータは、人間の手に相当するそれよりも遥かに高性能な感受器を通して、それが触れた物体の重さ、硬度、温度を正確に測定することができます。

　最後に、「味覚」も人間は制限されています。「甘い」、「辛い」、「美味しい」、「不味い」とか言うだけで、美味しく味付けされると毒でさえ食べてしまいます。コンピュータには、物質の正確な成分表を示す解析器を備え付けることができ

ます。いずれにせよ、ロボットは太陽光線から直接エネルギーを取り入れるだけで済むので、その成分を人間に示すような場合にだけ役立つのですが。

このように、機械は私たち人間に劣らないどころか、非常に卓越した性能を持っています。

超感覚である「第六感」については、人間はほとんど未開発ですが、コンピュータはそれをもっと巧く使えるかもしれません。通常の五感を用いないで情報を伝達することは、ラジオ通信によって毎日行われています。ですから、ロボットに送受信器を備え付ければ、簡単に他のロボットとコミュニケートすることが可能となります。

結論として、コンピュータは人間の行うことはすべてでき、しかも、もっと上手く行うことができると言えます。

しかし、私たちの感覚能力が非常に限定されたものであるとしても、人間の「神性」はどこか別のところに存在するのではないか、とあなたは言うでしょう。

「記憶力」はどうでしょう？ それも不可能です！ どんなに小型のマイクロコンピュータでも、私たちの学者先生のそれを遥かに上回る情報を持ち、しかもそれを、即座に間違いなく取り出すことができます。情報処理はますます私たちの生活の一部となり、私たちはそれを毎日体験しています。例えばポケット電卓、8カ国語の辞書に相当する語彙を含むポケット翻訳器、国際チャンピオンのレベルでチェスを行う電子装置など。

しかも、私たちはようやく情報化時代の入口に到達したにすぎません。電子部品は毎年倍々と多角的に性能が進歩しています。すでに、あらゆる分野における人類の全知識を、僅か数ミリメートル四方の結晶体の中に収めてしまうことも、可能になると予想する科学者もいます。

あなたが今読まれている本書は、画期的な情報装置に連結されたディスクによって出来上がり、しかしそれすらも数カ月後には、時代遅れのものになっていることでしょう。小さな45回転レコードに相当するディスクの片面に、この大きさの本の2冊分のあらゆる文字がストックされるようになります。

したがって、こういった事柄の中には、人間に独自の「神性」は存在しないのです。

「芸術作品の創造能力」についてはどうでしょうか？ これもダメです！ 現在では音楽を作曲し、それを演奏するコンピュータも存在します。軽音楽の中で次第に使われてきたシンセサイザーの音色は、今や誰でも知っています。シン

セサイザーとは、あらゆる楽器の音色、否、人間の声までも再生することのできるコンピュータのことです。

　この機械は、バッハやモーツァルトの曲を、世界中のどのシンフォニー・オーケストラよりも、ずっと正確に演奏するようにプログラムすることができます。100のバイオリンを抱えたオーケストラを想像してみて下さい。100のバイオリンが、全く同時に音を出すことは絶対にないでしょう。最も早い奏者と最も遅い奏者との間には、常に10分の何秒かのズレが生じ、奏者全体としては、100分の何秒かのズレが生じるでしょう。コンピュータなら、100のバイオリンの音を再生できるだけでなく、しかも全く同時（1000分の何秒かのズレしかない）に再生できるでしょう。これは、オーケストラのいかなる指揮者といえども、人間の奏者には決して望めないことです。

　多少の遅れや躊躇こそが、オーケストラの名指揮者の個性を正しく形づくっているものだ、と言う人がいるかもしれません。しかし、この躊躇自体をコンピュータに、同様の「個性」を与えるためにプログラムすることができるのです。

　シンセサイザーのもう一つの利点は、楽器が置かれるホールの自然の音響効果を利用する旧来の楽器よりも、純粋な音色を出すことができる点です。このことは、特に録音や増幅のために、マイクやアンプに音を通さなければならないときに明白となります。シンセサイザーは、ほぼ完璧な純粋さを持つ音色を、直接アンプに送り込むことができます。だから、それが置かれている部屋の音響的な欠陥によって、純粋さが損なわれることがないのです。

　したがって、国立科学研究所の研究員で作曲家でもあるジャン・クロード・リセは、次のように述べています。
「コンピュータの精密度と技巧には限界がない。それは、人間の演奏家では不可能な精密さで、難しい楽譜、複雑なリズムを演奏することができる。中には、演奏家を排除するというだけのために、コンピュータを使うことを望む作曲家もいる」

　音について可能なことは、形・色・匂い・味についても同様に可能です。腰の線を描く画家は、無数の可能な線の中から、一つの理想的な線を選んで描いています。コンピュータもこれと同じことができます。モジリアニの長い首や、ビュッフェのふんだんな垂直線のように、画家を特徴づけている個性についても同様です。コンピュータも全く同じことができます。つまり、バッハ風に曲

31

を演奏することもできれば、モジリアニ風に対象を描くこともできるわけです。

　コンピュータは、現在あるあらゆるスタイルを吟味して、大衆の嗜好に合った、全く新しいスタイルを発明することすらできるのです。

「創造性の発展において、コンピュータの果たす役割は今始まったばかりだが、その将来は大変有望である」

　これは、グルノーブルの国立科学技術研究所の、アーノルド・カウフマン教授の言葉ですが、近いうちに、現実がこの予想をさらに上回るでしょう。

　すでにコンピュータは、画像を描き、音楽を作曲し、匂いを合成し、建物の設計をすることができます。

　こうして、創造性ですら、人間の機械に対する優越性ではないことを、認めなくてはなりません。

　では、何が残されているのでしょうか？　「生殖能力」は？　答えはノーです。自分と同じ型の、別のコンピュータを造るようにプログラムされたコンピュータを製造することは簡単です。その別のコンピュータも、自分の番が来ると、また別のコンピュータを造るわけです。このように、繁殖することのできる「種類」を製造することは可能なのです。

　かくして、人間の能力の中で機械的に再現不可能なものは何もなく、人間は機械に対して、何ら優越性を持ちません。今まで見てきたように、人間の能力は、技術的に可能なレベルで比較すると極めて低いのです。

「人間は、自己プログラミングと自己再生が可能な、生物コンピュータ以外の何物でもない」。それは、無限大の中に溶け込み、無限小から形成され、永遠によって構成され、永遠を構成しています。

　人間の機械に対する唯一の優越性は、自分たちの使うコンピュータを製造するのかしないのか、そして、その性能をどうするかの決定権にあります。

　人間は実際に、自分たちよりも桁外れに優れた能力をコンピュータに与えることもできるし、さらにはコンピュータが、地球を支配する種族になり、自分たちの造り主である人間を、滅ぼしてしまうようにプログラムすることすらできるのです。すべては、プログラミング次第なのです。しかしながら、彼らが私たち人間に従い、私たちが彼らを上手く使うようにプログラムすることの方が、賢明ではあるでしょうが。

　しかし、それでは私たちはもう、機械に対しては何の優越性も持っていないのでしょうか。「霊魂」は？　とあなたは言うかもしれません。本書の始めで明

第3章：自分自身を認識する

らかにしたように、宇宙は無限なのでその中心は存在し得ません。このことが、
「神」が存在しないことを証明しています。そして、私たちを創造した人たち
と同じように、私たちもまた実験室で、完璧な遺伝子工学の技術によって生命
を創造するのですから、霊魂は存在しないのです。私たち人類の最先端を行く
科学者たちによって、100パーセント合成の人間が創られた時に、霊魂は存在
しないということが最終的に証明されるでしょう。

　しかし、神は存在しなくとも、無限は存在します。私たちが無限の中に存在
するのと同様に、無限は私たちの中にも存在し、かつ永遠に存在します。そし
て、もしあなたが、「神」という言葉でそういう無限のことを考えているとし
たら、あなたは必ずしも、完全に間違っているわけではありません。しかし、
覚えておいて下さい。無限は、あなたの行動などには全くの無関心です。あな
たが博愛に生きようが、1000人を虐殺しようが、無限は何の感情も示しません。
その理由は単純明快であり、無限はどこにも存在すると同時にどこにも存在せ
ず、つまり自己意識というものを持たないからです。

　霊魂に話を戻しましょう。この霊魂（âme）は、語源的にはラテン語の「ani-
ma」に由来し、それは「活性を与えるもの」を意味しています。すなわち、各
々の人に独自のパーソナリティを持たせているものであり、正しく「遺伝子コ
ード」のことです。

　つい最近の科学実験では、自分たちの姿に似せて私たちを創造した異星人エ
ロヒムが言っているように、生物の一つの細胞から、その生物を再生するのが
可能なことを示しています。いわゆるクローンです。こうして、いずれ近いう
ちに、生存中に採取しておいた、細胞の一つに含まれている遺伝子コードを用
いて、死後にその生命体を再生することが可能となるでしょう。

　しかし、もしあなたが霊魂というものを、実際に私たちの人格を形づくり、
死後に、身体からフワフワと飛び立っていくエーテル状の気体と考えているの
なら、その原始的で人を惑わせる概念を捨て去らなければなりません。なぜな
ら、ここにある肉体と他の場所にも存在しうる肉体とは別のものを形成する精
神である、との二元論を人の心に植えつけるすべての間違った観念は、人を惑
わせるものだからです。

「エーテル状の霊魂」に似た何かを、私たちが付与されたのかどうかを知るに
は、私たちを創造した当のエロヒムに尋ねてみるのが一番良いでしょう。そう
すれば、彼らは「ノー」と答え、必要とあらば、実験室でクローンによる同じ

33

人間のコピーを50体創ることによって、そのことを証明できます。

　ある人の死後に、遺伝子コードを用いてその人を再生しない限りは、その人を構成していた物質は拡散してしまい、その人はもはや、決して存在することはありません。

「お前は塵だ。そして再び塵に戻る」

　このように霊魂は存在しないのですから、それが機械に対する優越性を形成することはあり得ません。しかし、遺伝子コードそれ自体は、ロボットに埋め込まれた金属性コンピュータに対して優越性があります。生物の細胞の一つひとつには、その生物全体をソックリそのまま再生するために必要な情報が組み込まれています。手の細胞であれ、足の細胞であれ、同じことです。

　しかしロボットは、手の断片を取っても、そこにはロボット全体を再製造するのに必要な情報は含まれていません。そのロボットが生物的でない限りは。

　それでは生物ロボットとは何なのでしょうか？　それは金属で造られる代わりに、私たちと全く同じような活性物質により造られたロボットのことです。

　要するに私たちは、完成度の低い機械以外の何物でもありません。しかし私たちは、私たちよりも優れた機械を身の周りに置いて、それらを活用することにより、私たちの開花と創造のための時間を作り出すことができます。これこそが、私たち固有の特権です。

　何ら卓越したところのない私たち人体の特性に関して、一切の神秘や自己欺瞞的な観念を払拭することにより、自分自身をもっと明瞭に知覚する道へ入っていくのです。私たちは、私たちが非常に限定された能力しか有していない、無限の一部分にすぎない存在であることを理解しました。

　しかし、人間の能力が取るに足りないものであったとしても、自分を無限の中に位置づけるために、私たちを取り囲んでいる無限を感じることができるし、無限を捉えることができれば、無限との調和に到達することもできるのです。

　私たち自身に関する一切の間違った観念を、打ち壊すことを狙った本章を終わる前に、原始人たちが無知であるが故に、いや、というよりは、大衆の無知を利用することで熱狂的に神聖化してきた行為を、非神聖化しておかなければなりません。その行為とは、原始人たちが打ち建てた諸々の宗教が唱えているもの、すなわち「**生命の創造**」です。この「神秘」こそ、原始的な礼拝をつかさどる司祭たちの逃げ場所なのです。

　実際、生命の創造に神秘的なところは全くありません。未だにそれが神秘だ

第3章：自分自身を認識する

と宣言し続けている諸宗教の、信者の数が次第に減ってきていることは偶然ではありません。そこで彼らは、西洋諸国での信者減少を埋め合わせるために、時には文盲率が90パーセントにも達するような国々で、大々的に布教活動することを余儀なくされています。文盲率の高い国々では、科学上の発見もほとんど知られることがないからです。かくして、ローマ法王の旅は、南アメリカ、アフリカ、そして中東……へと続いていくわけです。

　母胎内での生命の創造とは、実際は何なのでしょうか？　それは少し前に述べたように、新しい遺伝子コード、つまり新しい「遺伝子文節」の創造という、極めて単純明快なことなのです。それぞれの生物が一つの「名称」を持っており、その「名称」の文字が原子であり分子である、ということを今まで見てきました。ですから、実験室で生物を創るときには、一定の方法でこれらの原子や分子を結合させることで、新しい「名称」を創るわけです。

　そして、その生物が人間の場合は、その「遺伝子名称」は46の「節」から成っていて、染色体と呼ばれているものがそれです。その生物が有性生殖する場合には、いずれ子供となる受精卵に、片方がその生物固有の文節である「遺伝子名称」の半分を与え、もう片方があとの半分を与えます。双方がそれぞれ23の染色体を、一方は精子の形で、他方は卵子の形で与え合い、それらが結合して一つの細胞を形成します。

　新しい生命の46の染色体を含んだ最初の細胞は、２つの細胞に分裂し、次に４つに、さらに８つに……と分裂していきます。そしてある日、その性に応じて、男または女となって新生児が誕生します。

　そこには一切の魔法も神秘も、存在しません。生命創造の際には、物質に生命を与えるために行う物質の知的な配列があり、生殖の際には、二つの配列の結合があるだけのことです。

　さらに、最近のさまざまな科学的実験が、生命の創造を神秘化しないために大変役立っています。実験室で人工的に精子と卵子を掛け合わせ、それから、それを「養う」母胎に再移植して受胎し出産された、イギリスの少女の例は特にそうです。

　この実験の成功が、カトリック教会から轟々たる非難を浴びたのは驚くに当たりません。なぜなら、この実験は、生命創造を「神秘性」の全く存在しない行為とするのに大変貢献し、そして教会は、正にこの「神秘性」の上に帝国を築いてきたからです。

35

こうしたことを徹底的に非神秘化するその他の実験も、数々為されています。例えば一例として、クローンを挙げることができます。これは、ある生物の生存中に採取しておいた、一個の細胞に含まれる遺伝子コードからその生物を再生することです。

すでに、アメリカのある億万長者は、自分の細胞の一つから、女性の力を借りることなく、「父の」遺伝子コードを修正して子供を作ったということです。

要するに、クローンの技術は挿し木に、普通の生殖は種蒔きに、そして、既存の種の遺伝子コードを修正して新しい種を創造することは、「接ぎ木」に例えることができます。少しでも「庭いじり」をしたことのある人なら、誰でも理解ができるでしょう。

純粋に化学的成分から新しい種を創造することは、植物学の領域では例えるものがありません。

この章を終えるに際して、完全なる覚醒の妨げとなる不明瞭な部分を、あなたの心に残存させるような観念もまた、その神秘のベールを剥がしておくのがよいでしょう。

それは「愛」のことです。これこそが機械に対する人間の優越性であり、人間固有の特権であると考えがちだからです。

しかし、それは全くの誤りです！ 愛するようにコンピュータをプログラムすることは可能です。

まず、さまざまな全く異なる意味を含み得る、この「愛」という言葉を非神秘化してみましょう。

第一に、「愛」という言葉が最終的には性交に至る目的で、両性が互いに労ることだと理解すると、例えば小鳥の求愛行動を観察するだけで、大多数の人間よりは動物たちの方が、よほど芸術的に、それを行っているということに気づくでしょう。

もし、「愛」を性行為そのものと理解するときは、比較はもっと簡単になります。動物を創造するときに、性交に快感をもたらす神経末端を両性の性器官に付与することを、もう一度思い起こしてください。こうして動物は、快感を得るために生殖を、それと意識することなく行うのです。

別のコンピュータを造る、つまり、自分自身を「再生する」ことのできるコンピュータを考えるのは、実に簡単であることは既に見てきた通りです。「有性」のコンピュータを製造することも十分に可能なのです。別のコンピュータ

製造に必要な設計図の半分を1台のコンピュータが持ち、あとの半分をもう1台が持ち、2台のコンピュータの協同によって新しい1台が誕生するのです。「男性」コンピュータに設計図の半分のみを与え、この男性が設計図のもう半分の所持者である「女性」コンピュータに、半分を与えることによって「子供」が造られます。

　途中ですが、快楽を非神秘化するためにちょっと横道に逸れてみましょう。実際に2台のコンピュータを、自分と同じ新しいコンピュータを再生するために、それぞれの設計図を「結合させる」ようにプログラムしておくことができます。しかし、「増殖する」のに十分な回数だけ結合するには、設計図の半分の伝達器官を、結合時に快感を感じることができるようにしておかなければなりません。こうすれば確実に、できるだけ多くの結合を見ることができます。

　それでは、「快楽」とは一体何なのでしょうか？

　つい最近、科学者によって脳内にある快楽中枢が発見されました。電極でこの中枢を刺激すると、「モルモット」はオルガスムに似た反応を示しました。人々が何らかの快楽（セックスの快感、軍人の戦功賞、科学者やスポーツマンが得る賞、愛撫、等々）を感じるときは、常にこの中枢が刺激されていることも分かってきました。

　したがって、今では快楽の中枢も、また快感を感じるプロセスも、正確に分かっています。放電を発生させる、脳内での物理的・化学的交換が、快感として感じられるだけのことなのです。

　同様の原理で、別の物理的・化学的交換は「不快な」感じをもたらします。脳はこうした方法で、一定の刺激や外部の事態に反応するようプログラムされているのです。それによって私たちの行動は制御されています。だから私たちは、快感が得られるものを求め、不快なものは避けるのです。

　この現象をさらに理解するために、バッテリーが底をつくと、コンセントから自分で充電するロボットのことを、もう一度例にしてみましょう。バッテリーに残っている電気の量を示すメーターの針を思い浮かべて下さい。その隣りには、例のロボットが自分でコンセントまで行って充電中の、電気の量を示す文字盤があります。

　バッテリーがほとんど底をつくと、メーターの針が0に近づいて、ロボットの脳に当たるコンピュータに、充電に行く時が来たことを知らせるスイッチを作動させ、サインを送ります。このサインは不快なもので、それはちょうど一

日の断食のあとに、食事の時間が近づいたときの空腹感が不快であるのと同じことです。

こうしてロボットは、コンセントまで行ってプラグを接続します。すると第2の針が動いて、電気が流入したことを示します。今度は別のスイッチが、充電開始のサインを中央コンピュータに送ります。そのサインは快く感じ取られます。それは、食事の際の最初のひと口が、セックスの際の最初の愛撫が快いのと全く同様です。

充電量を示す針が次第に最大値に向かって動いてゆき、そこまで達すると別のスイッチが、充電完了を示す電気インパルスを中央コンピュータに送ります。このインパルスは、快楽の極致のように感じ取られます。それはちょうど、食事を終えたときに感じる満腹感であり、もっと正確に言えば、性的オルガスムの瞬間と全く同じです。

それからロボットはスイッチを切り、仕事に戻ります。ちょうど私たちが、食事やセックスの後にそうするのと同じです。なぜなら、何かをすることで快楽を得るためには、それを禁欲する期間が必要であり、その間は他のことをやるのです。このコントラストが快感を甦らせるのです（空腹と食事の、あるいは禁欲とセックスとのコントラストなど）。

このように、私たちは快楽のメカニズムを知りました。そうすると、私たちが愛したり愛そうとするときの、その愛とは何か、を理解することは大変容易になります。つまり、物理的・化学的交換が、脳内に快感として感じられる放電を発生させることが愛なのです。ですから、愛は、機械に対する人間の優越性を示すものでは決してありません。同様の快感を感じるコンピュータを製造することは可能なのですから。

私たちが何をするにしても、それはそのことが直接的にせよ間接的にせよ、私たちに快感をもたらすから行うのです。

私たちが食事をとるのも、それが快楽を与えるからです。私たちが眠り、飲み、愛し合い、身体を洗い、髪をとくのも、それが快楽を与えてくれるからです。

税金を支払うことでさえ、それが間接的に快楽を与えてくれるからです。つまり、監獄へ行かなくても済むという快楽です。

我が子を助けるためにトラックの下に飛び込む女性も、それが彼女に快楽を与えるからそうするのです。そうでなければ、彼女はそんなことはしないでし

ょう。我が子を助けるという快楽の方が、自分が車輪の下敷きになる不快よりも大きいのです。

日本の神風特攻隊は、敵艦に戦闘機ごと体当たりしました。それは、彼らは死ぬことの不快よりも、祖国のために死ぬことの快楽の方が大きいと感じたからです。そうでなければ、彼らはあの様なことはしなかったでしょう。

博愛主義も利己主義も、どちらも快楽の一形態にすぎません。しかし、もし人が、快楽の質が快楽を与えられる人の数に比例すると考えるのならば、博愛主義は、互いに快楽を与え合うことによって、快楽のより高次の形態となります。でも快楽の質は、快楽を与えられる側の質にも比例することを付言しておかなければなりません。

自分が好きなことを聞く快楽を、愚かな大衆に与えて彼らを満足させることは、ひとりの賢者もしくは、そう成ろうと努めている人に快楽を与えることよりも劣ります。パンと遊興を求める大衆と、自分の意識レベルを高めるために独り山に立て籠る人との間では、もしあなたが自分自身を高めることを望むならば、後者を喜ばせることを選ぶべきです。

人類の福祉のために一生を捧げる人ですら、それが、彼に快楽を与えるからそうしているのです。そして、私がこの本を書いているのも、私が受け取ったトレーニング法をあなたがたに伝えるという快楽を、私に与えてくれるからに他なりません。

従って、たとえ私たちが「愛」という言葉の背後に、セックスとは何の関係もない博愛主義とか献身とかいった「崇高な」感情を忍ばせていたとしても、そうした感情も、そのように仕向ける快楽の上に根を下ろしているのです。

そういうわけで、自分の命よりも先に、子供や同僚、仲間、あるいは同じ種のことに気を配るようにロボットをプログラムすることは極めて簡単なことです。それはやはり、メーターと針との問題でしかないのです。

こうして、他者への愛も、人間の機械に対する優越性を示すものでは全くないことが明らかになりました。

要するに、愛という言葉で意味されるものが何であれ、それは人間の特権を示すものではなく、機械的に再生が可能なことなのです。

最後に、人間を取り囲み、かつ人間がその部分である「無限と調和する能力」について取り上げてみましょう。

この能力ですら、人間の優越性を示すものではありません。無限を意識し、

その中に自己を位置づけ、自分を活性化させるエネルギーを調達するため、すでに述べたあらゆる感知器を通して、無限大と無限小を感じ取るようにプログラムされたコンピュータを製造することは、極めて簡単なことであるでしょう。

このコンピュータは、その感覚を用いて瞑想することも可能でしょう。そうなのです。私たちが正にこれからやろうとしている「官能瞑想」を実行することができるのです。これも、機械に対する人間の優越性ではなかったのです！「瞑想する」（méditer）の語源をちょっと調べてみましょう。この言葉はラテン語の「meditari」から来ていて、それは「訓練する」という意味です。感覚を訓練すること、これこそが「官能瞑想」の目的なのです。

性の分化

例として、男性ロボットと女性ロボットを取り上げてみましょう。男性ロボットは、女性ロボットに欠けている設計図の半面を提供することにより、子供ロボットを造ります。私たちの機械に対する優越性は何もないことを承認したくない人たちは、どうして子供が男と女に分化するのかという問題を持ち出すこともできます。しかしこれは、実に簡単に理解できることなのです。

人間においては、男性の設計図の半面である精子によって性が決定されることは、すでに分かっていることです。現在では、人工受精の際に生まれてくる子供の性を選ぶこともできます。というのは、男性精子と女性精子を区別して分離することは、極めて容易なことだからです。

このように、人間の男性が精液を女性に注入する場合、それが男性精子であるときは、それが女性の持っている半面の設計図である卵子と結合して男の子が生まれ、それが女性精子であるときは、9カ月後には女の子が生まれてきます。

生殖可能なロボットについても全く同じことが言えます。子供ロボットを製造するロボットを、仮に女性ロボットと呼べば、この女性ロボットは設計図の半面しか持っておらず、彼女は男性ロボットから後の半面を提供してもらって、それを結合させなければなりません。この男性ロボットが提供する設計図の半面が、製造される子供ロボットの性別を決定するわけです。

男性ロボットが、女性ロボットに設計図の半面を注入するため彼女と「セックス」をする時は、彼は実際には、その半分が男性となる半面設計図と、後の

第 3 章：自分自身を認識する

半分が女性となる半面設計図の、両方を注入します。このうち一方のみが、母
ロボットの持つ半面の設計図と結合するのに成功します。それは、人間のセック
スの際に、何億という精子のうちただ一つだけが、卵子と結合するのと全く
同じことです。

第4章

意識的な非プログラム化

　すべての私たちの反応や行動は、それまでの教育の全課程において、私たちが受けてきたプログラミングの結果です。私たちは生まれて以来ずっと、知らないうちに環境によって作り上げられてきました。両親、友人、教師、新聞、映画、等々によって私たちは条件づけられ、今日の自分に仕上げられてきたのです。

　私たちの眠り方、洗面の仕方、食べ方、服の着方、話し方、歩き方、他人の評価の仕方など、私たちの行動の一切が、私たちの受けてきた無意識の条件づけ（訳注：一定の条件反応を起こさせるようにすること。あるいはそのための様々な条件を課すこと）に起因しています。

　この現象をよく理解するために、ここでも再びコンピュータと比較してみましょう。コンピュータは、そのためにプログラムされ記憶装置に蓄えられたことしか行いません。私たちもまったく同様です。ただ違いと言えば、私たちはこうしたプログラミングを意識し、その要素を分析し、くだらないと思うものを、他のものと取り換えることができるということです。

　このように私たちは、自分で自分をプログラムすることができます。つまり、自己プログラミングが可能なコンピュータです。

　問題は、私たちが、自分自身の嗜好や心の奥深くに根ざした性向とは無関係に、前述した親や教師たちからずっとプログラムされてきたことです。そういう彼ら自身は、教えていることに疑問を投げかけることもできず、ただ、自分たちが押し付けられてきたことを、そのまま私たちに叩き込んでいるだけなのです。

　何千年も前から、人間は、あらゆる原始社会に固有の迷信、恐怖、神秘主義が次第に混ざり合った条件づけの方法を、世代から世代へと伝えてきたのです。

したがって、私たちの行動の一切を疑ってみることから、覚醒への第一段階は始まります。筆者はあえて、一切の行為と言います。食べ方、歩き方、あらゆる状況における私たちの反応の仕方、そして、本当に取るに足りないことも含めての一切の行為です。

例えば、服の着方はどこでも同じというわけではありません。もし私たちが北アフリカに生まれていたら、ディエラバ（訳注：モロッコ人の着る丈の長い仕事着）を着るだろうし、ブラック・アフリカに生まれていたら、腰布一枚だけを身に付けているかもしれません。腰布は私たちの厳しい気候には適合しないとしても、ディエラバの方は大変よくマッチするでしょう。にもかかわらず、私たちの父親は背広の上下を着、私たちもまた、そうである客観的な理由は何もないのに、親と同じものを着ています。

食事の仕方についても同じことが言えます。もし私たちが中国に生まれていたら、箸を使って食べるだろうし、アフリカのある地域に生まれていたら、指を使って食べているでしょう。フォークの使用は、これは私たちが選んだのではありません。それはフォークが必然的・本質的に最良のものではないとしても、とにかく教育によって私たちに押し付けられたものです。例えば、中華料理は最初から細かく切って出すので、ナイフはまったく無用です。しかし私たちは、そのことを知りながらも、各人が苦労して細かく切らなければならない料理を出し続けています。

あなたが一日のうちに行う行為のすべてを、自分はなぜこうしているのだろうと自問しながら、客観的に分析してみることです。あなたの両親とは異なるやり方を選んで行った行為が、ほとんど存在しないことを発見して、あなたは驚くことでしょう。

もちろん、私たちが教育で学んだことのすべてが悪いわけではなく、あるものはそのまま維持されるべきです。しかし、大事なことは、私たちが何かをするときに、自分が何をしているのかを意識していることです。

私たちが、他人やその行為に対して自分の行動を分析するときは、話はもっと微妙なものになります。箸を使って食べたりディエラバをまとうといったことは、異国情緒を醸し出して面白いとしても、アラブ人を憎悪したり同性愛を侮蔑するように条件付けられていると、彼らをあるがままに受け入れて理解しようとすることが、大変困難なことになります。

私たちは、生まれて以来、何度となく、人がアラブ人のことを悪く言うのを

聞いたものです。悪口を言う人々は、彼らの先祖が暴力でアラブ人を支配したので、アラブ人を劣った人種だと考えているのです。あまりに何度も悪口を聞かされるので、私たちも遂に、ある日、その言葉を繰り返すようになっていました。

　何度、同性愛者は悪徳の変質者であると、人々が言うのを聞いたことでしょう。しかしそういう人々は、実は、心の奥深くに長いあいだ押さえつけられてきた自分自身の同性愛的傾向を、同性愛者の中に見いだすことを恐れているのです。しかし、あまりに何度も聞かされるので、遂には私たちも、馬鹿げたことを繰り返し言うようになっていたのです。

　覚醒した人は、個性の違う他人と接触することによって、自分が豊かになっていきます。視野が狭い偏狭な人は、個性の違う人に出会うと、知らないうちに教え込まれてきた紋切り型の答えを繰り返し、その相違点と闘うことで自分の脳を萎縮させてしまうのです。その相違点は、どのようにしても無くすことはできないというのに。

　ですから、私たちを教育してきた人たちによって植え付けられた、すべての観念を脳の中から一度取り出し、それをふるいに掛ける必要があります。
「これは斯々しかじかの理由によって、良いので保存しよう。これは悪いので排除しよう」

　保存する観念を選別する基準は、私たちの教育者の意見に結びついたものではなく、自分自身をよく知った上で、自分で作り上げたものでなければなりません。

　もしあなたが、「両親も同じように考えていたから、この考えは良い」と言って満足してしまうのならば、この作業は無駄なものとなってしまいます。私たちの持っている両親と同じ考えを、疑って見ることこそが大事なのです。

　例えば、アラブ人や同性愛者のことについて言えば、まず何の先入観も持たずに彼らと会って、理解しようと努めながら、彼らの言うことを虚心に聞く必要があります。それから、自分がちょうどその時に会うことのできた、ひとりの人の個性に気を取られることなく、彼が述べた言葉の大筋から問題を解明しながら、自分自身の意見を形成していくのです。

　この、すべてをふるいに掛ける態度は、私たちの意識レベルの向上のためには不可欠です。私たちの性生活と、愛の概念に関する場合には特にそうです。

第4章：意識的な非プログラム化

愛か、それとも利己主義か

　私たちは、愛とは死ぬまでの絶対的な所有を意味するものだ、と教え込まれてきました。この観念は、何千年にも亘る恐怖と苦悩を通して、私たちに伝えられてきたものです。金や馬や女…を奪うために、村を襲った時代からです。これらのものはすべて、いざという時には、何の躊躇もなく交換される財産と見なされていました。

　男が霊魂を持っていることを認めたのであれば、女にも霊魂があることを認めなければなりません（教会は長い間それを疑ってきました）。女性に投票権を与えたあとでも（投票権を与えてから一世紀も経っておらず、未だに認めていないところもあります）、自分の身体を自由にする権利を、女性には与えてはいません。というのは、女性が望まないときには自分の子供を産まない、という権利を拒否しているからです（教会や特定の政府は、堕胎と避妊を罪としています）。

　さらに、金を奪うために愛していない人を殺せば、終身刑か死刑に処せられるのに、ところが人を殺しても、その人を「愛していた」と主張すれば、いわゆる痴情犯ということで、ときには5、6年の懲役だけで済むこともあるのです！

　これでは、まるで私たちは、愛する人を殺して、愛していない人を生かしておくことを、その成員に勧めている社会の中で生きていることになります。

　愛する人を殺せるのを不思議に思わないこと自体、私たちが如何に奇妙な愛の観念を抱いているかを示しています。愛をそのように捉えている人々は、実際は、愛と利己主義とを混同しているのです。しかし、この二つの概念は全く異なるもので、決して両立できないものです。事実、本当に愛する人は与えることしか考えませんが、逆に自分しか愛さない利己主義者は、相手から取ることしか考えないものです。

　利己主義者は、自分のパートナーが、他の人から自分の時よりも大きな快楽を味わって、自分を捨てるのではないかと恐れます。そうなると、自分が今まで楽しんできた快楽が奪われてしまいます。というのも、利己主義者にとって何よりも大事なことは、自分の利己的な快楽だけだからです。

　真に愛する人は、自分のパートナーが、自分よりもより大きな快楽を与えてくれる人に出会うことを、むしろ望むものです。なぜなら、真に愛する人にとって何よりも大切なことは、そのパートナー自身の幸福であるからです。

45

ハーモニー・メディテーション

　利己主義者は、自分のパートナーが誰か他の人に出会って、その人から快楽を得ることがないように絶えず見張っています。

　真に愛する人は、自分のパートナーが、その趣味を同じくする人々と出会うことを、むしろ助けるものです。

　利己主義者の場合、そのパートナーは、自分に快楽を与えてくれる他の誰かに出会ったとき、幸福という果実を隠れて食べるようなスリルを味わい、盗んだ果実を食べる時のように一層の喜びを感じて、ますます新しい共犯者の虜になってしまいます。

　真に愛する人の場合、そのパートナーは、自分に多くの快楽を与えてくれる他の誰かに出会ったとき、他の誰かとこの素晴らしい時を過ごすことを可能にしてくれた、前のパートナーに感謝をすることでしょう。そして大部分の場合は、彼らはこの新しい経験によって豊かになり、再会するでしょう。

　そして真に愛する人は、自分のパートナーが自分よりももっと満足させてくれる人に出会った時は、たとえその相手が自分以外の人であれ、パートナーが前よりも幸福になっているのを見て、幸福に満たされるでしょう。

　利己主義者は自分の財産を保持することを望みます。利己主義者は、自分のパートナーが誰か他の人と幸福になるよりも、むしろ自分と共に不幸になることを望みます。そして、自分のパートナーが他の人と幸せになったときは、愛する人を殺すために銃を取ります。なぜなら、自分の愛した人が他の人と幸せになるくらいなら、いっそ死んでくれた方がよいからです。自分のパートナーの幸福のことなどは目に入らず、かつて自分に属した人の身体から、他の人が快楽を得るということで頭がいっぱいなのです。

　それはちょうど、腹を空かしている犬が、自分の骨に他の犬が近づくのを許さないのと同じです。その犬は歯をむき出して、自分の骨を隠してしまいます。利己主義者は全くこれと同じです。なぜなら、利己主義者にとっては、そのパートナーは犬の場合の骨と全く同じだからです。自分がパートナーから得る快楽のことしか考えていないので、他の人がパートナーから快楽を得るのを見るくらいなら、いっそパートナーを、消してしまった方が良いわけです。

　さて、この嫉妬という、厄介な利己主義の一形態が起こるプロセスをもっとよく理解するために、例の自己プログラミングが可能なロボットのことに、再び話を戻してみましょう。

　私たちは、それぞれが設計図の半面を持つ「有性」ロボットを造り、それら

46

を性交させて完全な設計図と成すことによって、「女性」ロボットに「子供」ロボットを製造させることは、とても簡単であることはすでに見てきました。また、このロボットを生殖へと導くためには、設計図の半面の注入器と受容器であるそれぞれの性器官に、快楽を感じる神経末端を備え付けることによって、性交を非常に快いものにしてやることで十分だということも、見てきた通りです。

このロボットは自己プログラミングが可能なので、個人的な経験に応じてプログラムを変更することもできます。それによって、遺伝的な差異のほかに、極めて多種の個性が出現することになります。

「男性」ロボットが初めて「女性」ロボットに出会うと、彼らは互いに知り合うようになります。つまり、互いに相手のプログラムの一部を見いだすようになります。そして、彼らが互いに相手を気に入れば、つまり彼らのプログラムが、彼らをある一定の「精神的」調和へと導くならば、自分たちの中に湧き起こってきた性的欲求を満足させるために性交することもできます。

さらに、結合の快楽をできるだけ多く味わうために、共同生活を行うように決心することもできます。

さて、ある日、パートナーの片方が別のロボットと出会い、例えばそのボディの形に非常に惹かれるといった具合に、そのロボットのプログラムが魅力的に見えたとします。その際、もう一方のパートナーは二つの行動を選択することができます。一つは、たとえ自分以外の他人によってではあっても、自分のパートナーのプログラムが豊かになることを望み、それを援助することです。もう一つは、自分のパートナーに、あらゆる異性ロボットとの交際を禁ずることです。

もし、そのロボットが二番目の行動を選択したとすると、それは、そのロボットが、自分とは全く機構が違う他のロボットを、自分の所有物のように考えることができるよう、プログラムされていたからに違いありません。

ある人が、この地球上に住む何十億という人間のうちのひとりに出会ったとき、どうして急に、次のように考えることができるのでしょうか。

「この人こそが、私が今後、親密な関係を結んでいく唯一の人だ。たとえこれから、私の趣味にもっと適した人に出会ったとしても、私はこの人に操をたてよう。この人が、たまたま最初の人であったということだけで十分だ」

これが、貞操なるものの正体なのです。

未だに原始的な文明の残滓が残っている数多くの国で、女性が買うことのできる商品と見なされていることは、さらに驚くべきことです。西洋諸国では、自分の娘にしばしば計算高い花婿が見つけられるように、持参金を持たせるのが父親であるとすれば、逆に花婿は、花嫁の父親に家畜やその他の贈り物をしなければなりません。

この商売と人間関係の混同は、全く非人間的なものです。それは、奴隷制度の擁護に繋がる所有観念を潜在的に生み出すものです。自分が出会った人を、その存在に慣れてくるに従って自分だけの所有物のように考え出すとすれば、いわんや、伴侶を得るために金を支払ったとすれば、なおさらそうなるでしょう。

覚醒した人は、自分のパートナーが、その気をそそるあらゆる経験を積んでいくことに勇気を与え、パートナーを失うことを恐れないばかりか、さまざまな個性の持ち主との出会いによって感性が改善され、逆に、互いが豊かになって、また出会うのです。

ここにおいても、コントラストが開花のための要素です。

だからといって、このことが、覚醒するためには必ずパートナーを変えていかなければならない、ということではありません。パートナーが同一人物でありながら絶えず変化していく人であるならば、その同じパートナーから、覚醒のための無数のチャンスを得ることができます。そういうパートナーは、習慣化から逃れるために必要不可欠なファンタジーをもたらしてくれます。習慣こそが、愛の宿敵なのです。

こうして、情報の絶えざる交換のうちに、パートナー双方の開花が進んでいきます。新発見や相手の考えから互いが利益を受け、それによって官能の、ひいては覚醒のレベルを、互いに改善し合うことができるようになります。

しかし、このことは、自分とパートナーとの間の大変強烈な体験というものを、他の人との間にも無理に持たねばならないということではありません。そうではなくて、自分とパートナーとの間で築くふたりの世界が、外部に対して完全に開かれたものでなくてはならないということなのです。つまり、パートナーの双方が、第三者との親密な関係に入ろうと思えば、いつでも入れる状態になっており、それぞれが、相手が豊かになることは自分自身が豊かになることだと、理解しているということです。

覚醒とは、自分の環境とコミュニケートして、感覚によって伝えられた情報

48

を分析して連結し直す能力の、不断の改善のことです。

一方、「知性」(intelligence)という言葉の語源は、ラテン語の「intelligere」であり、これは「事物を互いに結びつける」ことを意味し、「ligere」が「結びつける」(lier)を意味しています。

従って、覚醒とは、自分の知性、自分の理解能力の改善のことです。この「理解する」(comprendre)という言葉の語源は、ラテン語の「comprehendere」で、これは「一体として捉える」とか「全体的に掴む」という意味です。

ついでながら、「意識」(conscience)という言葉の語源は、ラテン語の「consciencia」で、これは「知覚」を意味しています。

従って、意識レベルを向上させることで私たちは、私たちの中にもあり、また私たちを取り囲んでもいる無限の知覚レベルを向上させていくのです。

この向上によって、私たちの中にある無限小と、私たちがその中にある無限大とが、私たちの中で共に生まれることが可能となるのです。

能力を減退させてしまう習慣

それに対して習慣というものは、事物を知覚するメカニズムを次第に減退させていきます。新しくアパートを借り、初めて通りを歩く時、すべてのことに目を見張ります。通りですれ違う人々、流れてくる音楽、色々な色彩、ショーウィンドーの数々、すべてが興味深いものです。

しかし、2、3日もすると、職場までの道程を考えごとをしながら歩き、街の雰囲気などにはほとんど関心を払わなくなってしまいます。さらに時が経つと、終いにはほとんど周りには目もくれないで、夢遊病者のように通勤することになります。新聞を読みながらでも、家にたどり着くことができるくらいです。

これが習慣というものです。そして、私たちがパートナーと、このように習慣的に振る舞うのであれば、私たちは次第に環境との交流能力を減退させ、知性を衰えてさせてしまいます。

その輝きに満ちた眼差しに惹かれ、その声にうっとりし、その香りに酔ってしまいそうな人に出会い、そしてたったいま並んで歩いているというのに、私たちは、その人がいることにすら気がつかない有様です。

同じ物を同じ料理で食べ、同じ服を着て、同じ時間に同じ体位で愛し合うと

いった具合に、私たちは機械的に毎日を過ごしています。そして徐々に私たちは、自分の行動から得られる快楽を減少させているのです。

ですから、二度とやり直しができずに過ぎ去ってしまうこの瞬間瞬間において、私たちが生きているその人生に、感銘を覚えながら過ごしていく快楽を再発見するためには、ほとんど何も必要とするものはないのです。

さらに、習慣に嵌ってしまった人の能力の漸次的減退は、習慣に窒息させられた国民の情熱の漸次的減少に、実にうまく対比することができます。慣習とは集団の習慣ともいうべきもので、私たちはその慣習とも習慣とも闘わなければなりません。

要するに、最高の覚醒を得ようとするならば、最高のコントラストに満ちた生活を送らなければなりません。

視覚的・聴覚的・触覚的・嗅覚的・味覚的コントラスト、それだけでなく性的・知的コントラスト、要するに私たちの行動のすべてにおいて、私たちの生活を全く独創的でファンタジーに満ちた芸術作品にするためには、コントラストが必要なのです。

この「ファンタジー」（fantaisie）の語源は、ギリシャ語の「phantasia」であり、これは「出現」とか「想像力」を意味しています。想像力とは、脳内へのイメージの出現です。本来は無関係な既知の諸要素を、意識的に結合して出現させたものです。すなわち、知性：intel-ligence（ラテン語の intel-ligere から来ており「事物を互いに結びつけること」の意）によって結びつけられたものです。

しかし、コントラストにより生じうる、あらゆる効果を実際に私たちの中に産み出すためには、効果を産み出す諸要素の一つなりとも、見落とされることのないように、要素の一つひとつが強烈に感じられるようにしなければなりません。だからこそ、私たちの人生の一瞬一瞬が、完全に生きられなければならないのです。詩人が言っているように（「詩人は地平線の上を見ているので常に正しい」ものですが）、「その瞬間を捉える」ことが必要なのです。身体中の全細胞を用いて、特に私たちがそれによって外界を意識する感覚器官の細胞を用いて、一秒一秒を、それが、あたかも最後の一秒であるかのように生きるのです。

私たちは、自分と親しい人間が死んだとき、もっと愛情を注いでおけばよかったと後悔をしながら、その人の側で過ごした日々を思い返しますが、それは驚くべきことです。何しろ、死んで初めてそのことを意識し、自分の怠慢が、

取り返しのつかないものであることに気がつくからです。

こうして意識レベルの低い人ほど、愛する人の死によって絶望的になります。なぜならその人は、愛する人の側で過ごした日々を活き活きと生きてこなかったにも関わらず、突然そうするには、もう遅すぎることに気づくからです。

それに対して覚醒した人は、愛する人の死によって悲しむことは全くありません。なぜならその人は、共に分かち合った瞬間瞬間を自分のものにし、愛する人に、与えられる限りの愛を与えたことを知っているからです。愛する人を幸福にするために、それ以上のことはできなかったのです。

この強い感情は、付き合ってきた人の旅立ちの時にも、同じように感じます。それに、「旅立ちとは幾ばくかの死である」とも云われています。なぜなら、人はそのとき、愛する人が旅先で亡くなり、二度と再び会うことができなくなるかもしれない、ということを意識するからです。だから、プラットホームの上で過ぎゆく最後のひと時に、私たちはそのことを強く感じ、共に過ごした日々を充実して生きてこなかったことを後悔するのです。

また、愛する人と過ごした日々の知覚が欠如しているということが、嫉妬の一定の行動原因となっているのは興味深いことです。

実際、パートナーから別れたいと告げられたとき、私たちは急に過ぎ去った日々のことを考え、もっともっと愛情を捧げることができたのにそれを怠り、充実して生きることなく過ごしてしまったことを後悔します。そして、ゼロから再出発することを望み、今度は、愛する人と別な風に過ごそうと努めます。しかし、その結構な約束からしばらく経つとまた、おきまりと習慣に逆戻りして、また別れざるを得なくなってしまうのです。

この別れを、私たちは失敗と感じます。なぜなら、それは自分の望むように生きる能力、つまり常に自分の行動を意識して、愛する人に最大の愛情を捧げる能力を、自分が持っていないことを私たちに示すからです。

しかし、これらのことはすべて、もし私たちが瞬間瞬間を本当に強烈に生きるならば、後悔のない充実したものとなるのです。それは、他人を自分の側に留めて見張るためではなく、ただ過ぎゆく時を失わない快楽を得るためにそうするのです。

「瞬間」を捉える

　なぜなら、人は瞬間瞬間を充実して生きるという快楽以外のために、その時々を充実して生きることはできないからです。

　ですから、覚醒した人は喜んで別れを受け入れます。なぜなら、その人はあらゆる瞬間において最善の自分を与え、一秒一秒のエッセンスを自分が十分に堪能してきたことを知っているからです。そして今、この別れのひと時をも十分に楽しんでいるのです。というのも、その別れとは、自分が今までその覚醒に協力してきた人が、今度はその輝きを他の人にもたらすための旅立ちであるからです。

　私たちが住んでいる世界は、意識レベルの低下に対して責任があります。それが、過ぎゆく時間の知覚に関する場合は、特に痛ましいものとなります。人は、少年時代を生きることなく青年となり、青春時代を生きることなく結婚をして子供を持ちます。そして、人生を生きることなく歳を取ってしまったことに気づきます。そして、常にやりたいことができなかった、その年齢年齢に応じた満足を十分に味わうことはなかった、という気持ちを抱いています。絶望と孤独が私たちを覆い、その心の暗い陰のせいで、若者を嫌うようになってきます。なぜなら、自分たちがまったく体験できなかった喜びを、彼らは味わっていると考えるからです。そういうわけで、未だに絶えず、嫉妬というものが生まれてきます。

　しかし、私たちを羊のように誕生から死ぬまでを導く、この絶え間ないリズムを中断して、過ぎゆく時を今までとは異なるやり方で生きて行くには、ほんの少しのあいだ、ひと休みするだけで十分なのです。

　私たちは、まるで先へ先へと逃げるように、仕事を次々と片づけていきますが、そのどれ一つとして味わうことがありません。そうして、今現在やっていることを意識するのではなく、将来にやることを楽しみにしています。

　私たちは夕方、仕事から家に帰ったあとで行うことを想像して楽しみ、そして家に着いてテレビをつけますが、番組は面白くありません。そこで今度は、翌日の番組を楽しみにしながらも、そのつまらない番組を見ます。そして翌日になると、また同じことを始めるといった具合です。

　例年のバカンスについてもまったく同じです。いつも、来年のバカンスはもっと楽しいだろうと思い、その年が来ると、「去年の方が良かった」と言うの

です。こうして、また次回の……を待ち始めます。

　子供が生まれるのを待っているときは、子供が自分たちと一緒に遊び、自分たちを質問攻めにすることを想い浮かべて楽しみます。しかし、子供が実際にその年齢になると、黙って早く眠れと子供に言うのです。そうしていくうちに、ある日、過ぎ去ってしまった日々を充実して生きることなく、歳を取ってしまった自分を発見するのです。

　しかしながら、出来事の無自覚な流れを中断して、完全に楽しむことは実に簡単なことなのです。目、耳、そしてすべての感覚を開き、私たちを取り巻いているものに、ちょっと注意を向けるだけで良いのです。私たちを今そのように存在させている時間の中に、自己を位置づけてやれば良いのです。

　この時間の流れの中への自己の位置づけは、できるだけ遠く子供時代にまで遡り、生きていく上での大事な出来事をすべてもう一度、やり直すことによって為されなければなりません。自分が出会った人々の顔、声、香りを、細部まで再発見するのです。私たちのニューロンのどこかに刻み込まれた、これらの場面をもう一度生きてみるのです。

　それから次第に現在の自分に近づいてきて、学校の先生、初めての口づけ、初恋、初めての仕事……等々。こうして徐々に、今日の自分を作り上げてきた道を再発見して、今の自分をもたらした諸事件を互いに結びつけてみるのです。

　これを行った後は、今生きている人生が自分の望んでいるものかどうかを見極め、もしそうでない場合は、自分の望む人生を送れるように目標を定めれば良いのです。

　この自分の望む未来と過去との繋がりができた以上は、後はただ希望の未来を自覚して、瞬間瞬間を強烈に生きていくだけです。

　ある経験を充実したものとするためには、それを経験しているその瞬間において、それを待ち望んでいたときの楽しみと、それを思い返すときに持つであろう喜びとを意識すれば十分です。

「愛の最高の時は、その階段を上がっているときである」と誰かが言っています。普通の人にとってはそれは真実です。待っているときの期待感や過去の追憶よりも、大きな快楽をその行為自体から得るためには、その行為の最中に、階段を上りつつある時に感じる喜びと、将来に感じるであろう想い出とを意識する必要があります。

　さらにこの技術は、起こった事件を記憶する良い方法でもあるのです。これ

53

によれば、ちょっとそのことを考えるだけで、それが生じた時とほとんど同じくらい強烈に、その事件を再現することができます。

最後に、個人の開花における性生活という根本的な領域においては、常にマスターベーション（自慰）のことについて触れないわけにはいきません。

マスターベーション、それは必要不可欠な行程

この自己のエロス化により身体が自分に快楽を与えてくれることを、若者が発見するのを妨げることで、多くの若者の能力が減退しています。大きな罪悪感を抱かせたり、悪と結びつけたり、何か「自然に反する」ものと言ったり、さらには、これに耽る人は、失明や、麻痺や、発狂の危険があるとさえ言ったりしてきました。

肉体やホルモンの上では大変な変動期にあり、極度に神経過敏になっている青年たちに向かってこんなことを言ってきた人たちは、全くの犯罪者に他なりません。彼らは一体、何人自分たちの子供を、人生の落伍者、変質者、不能者、あるいは不感症者にしてきたことでしょう。

今日では、マスターベーションは、中世のご神託が述べているような危険は全くないばかりか、個人が自分自身の身体を意識する重大な時期に、調和に満ちて成長するためには不可欠なものであることが、科学によって証明されています。今こそ、教会を先頭とした、こんな愚かな罪作りのことを言い触らしている、すべての連中を告発すべき時です。

若者がある日突然に、自分の性器が、自分自身に素晴らしい快楽を与えてくれるという事実を発見することは、その成長にとっては根本的なことなのです。一つの罪悪感によって、この行為が遮断されてしまう必要は全くないのです。

ところが、その罪悪感は人間の心に葛藤をもたらして、その欲望に嫌悪感を抱くようになり、その欲望から逃れようとして、ついには自分自身の身体にまで嫌悪感を抱くようになってしまいます。そして一生涯、この嫌悪感に悩まされ続けるのです。

最も重度の精神異常者は非常に稀なのですが、彼らは、オナニーとかマスターベーションとか呼ばれるこの自己エロス化を、「禁欲」しなければならないと心の奥底まで教え込まれた人たちです。彼らは大変な努力をして禁欲するので、そのために思いやりのない冷淡な人間となり、その感受性も鈍って、肉体的に

も精神的にも異常が生じてくるのです。

　このように、自然な反応を罪悪視することで、深く心を傷つけられたすべての子供たちのほかにも、次のような子供たちも問題となります。それは、この種の問題にはあえて立ち向かおうとはせずに、「性器や性生活に関することは一切話をしてはなりません」と言って済ましている両親により、何も知らされていない子供たちです。その両親自体が、一般的には不十分な知識しか持っておらず、神秘的・宗教的教育の影響を受けているので、肉体は悪であり精神は善であると見なしているのです。

　しかし、罪悪感を感じさせるような教育を受けてしまった人も、子供が自分に今起こりつつあることは何なのかを説明するのは恥ずかしすぎると思っている、覚醒の助けにならない両親の元で自分自身で覚醒せざるをえなかった人も、特に前者にとっては大事なことですが、今からでも年齢とは無関係に、自分の身体とその反応を学び直すことができます。

　セックスとそれによって得られる快楽を、ひとかけらの罪悪感もなく、まったく自由に愛することを学び直して下さい。さらに、奪われた青春を生き直し、今までに教え込まれてきたことはすべて忘れて、大変重要な自己エロス化の探検を、やり直すことを意識するのです。

　もし、自分固有のセックスの再発見が、男性にとって重要であるならば、女性にとっても一層重要です。なぜなら、ベティ・ドッドソンもその素晴らしい著書、『女性におけるオルガスム』（『L'orgasme au féminin』 Betty Dodson）の中でこう言っているからです。

「マスターベーションは基本的な性行動である。それ以外のことはすべて、私たちの性生活の社会化に他ならない」

　さらにこの著書は、その非常によくできたイラストによって、女性がその性器の美しさを自覚するのを助けています。男性優位の社会は常に、女性の性器を嫌らしく汚らわしいものとしてきました。身体全体、とりわけ私たちに最上の快楽を与えてくれる部分を愛すること、それから、性器から得られる官能の喜びを増大させるために、性器に関する知識を深めること、これが奪われた青春を取り戻すために、一番にやらなくてはならないことです。

　脳内に最も強い快楽を生じさせるための性器の機能と、その愛撫の仕方に関する知識を深める最上の方法は、正しくそれを自分自身で実施してみることです。最高の満足を与えてくれる部分に、自分自身以上に正確に指を導いていく

ことのできる人は、世界中のどこにも存在しません。

こうして私たちは、パートナーに自分がして欲しいことを告げることができます。しかし他人に教えるためには、まず自分自身が知っていなければなりません。

もし官能が、私たちを取り巻いている無限に結びつける絆であるとすれば、自己エロス化は、私たちのコンピュータ内部を探求するための最も有効的な方法です。なぜならそれは、男性にあっては「半面設計図」の遊離という肉体的反応を、女性にあってはその「半面設計図」を迎え入れるという性器官の受容力を引き起こすバネであるからです。

同じように、カップルで生活をしている人が、自己エロス化の能力を互いに高め合うことは大変重要です。まさに、そこに他人の身体が存在することによって、この能力は一層強められるのです。

この点においても、凡人たる利己主義者は、パートナーが自分の面前でマスターベーションに耽るのを許すことができません。なぜなら、自分のみに快楽を与えてくれるはずのパートナーが、独りだけで楽しみを始めるからです。利己主義者にとっては、それは許し難いことなのです。自分がこんなにも誇りを持っている男らしさは一体、何の役に立つのか、あの女性に対する唯一絶対の優越性であった男らしさは、どうなるのかと。

こうして利己主義者は、パートナーの手にさえ嫉妬するのです。

これに対して覚醒した人は、自分の愛する人が幸せになり、その快楽の奥深いメカニズムを発見するパートナーを見て、喜びます。

かくして、自分の開花という木の根幹、つまり基礎である性生活に関する既成観念を打破したあとは、私たちの環境や生活面でのあらゆる行動の一切を、同様にして考え直していくことができます。

自分のパーソナリティーを形成する一切の要素を再検討した大掃除のあとは、私たちは次の段階に移ることができます。それは、今日までの長い人生を振り返りながら、今まで自分が考えもしなかったような問題に直面するたびに、本当に自分自身の考えから出た行動を取るために、ここまで述べてきたような方法を実践することです。

第４章：意識的な非プログラム化

心を無にする

　表面に現れた自分のパーソナリティーを再検討する、という最初の段階を終えたあとは、今度は、心の中で雑然とひしめき合い、精神的な安定に耐え難い緊張をもたらしている一切の観念を追い払って、自分の心を無にすることが有益です。

　そのためには、あぐらをかくか、あるいは自分に楽な姿勢で地面に座り、そして、一心に呼吸に意識を集中して、約１、２分間深く呼吸をすることで十分です。

　それから、何事にも集中しないということに集中します。何であろうと一切の観念を心から追い払い、心に何の考えも浮かんでこない──その浮かんでこないという考えすら浮かんでこないようになるまでトレーニングするのです。

　脳は、その中を、あらゆる方向に電流が流れているコンピュータに他ならない、ということは前に見てきた通りです。そしてこのトレーニングは、冷静沈着でいられるように、その電流の流れを調整することが目的です。数分もこのトレーニングを行えば、私たちは、遥かに効果的に行動し、判断することができるようになります。

　この絶対無を追求している間は、自分を外部世界からも内部世界からも、完全に切り離すことが大切です。

　目標は、数分の間、「植物」になるように努めることです。もっとも今日では、植物も外部環境を感じることができると云われているので、植物以上に植物になることです。ほとんど鉱物のようになる、と言ってもよいくらいです。

　いかなる音も、動きも、匂いも、心を無にした人は感じることがありません。このトレーニングは、街頭の雑踏の中でも行うことができます。さらにこれは、騒々しい環境の中で生活したり働いている人々にとっては、特に有益です。

　言わば、自分を感覚の断食状態に置くわけです。この断食は、他のすべての断食と同じように、意識的に断ったものを、断食後、以前よりも強烈に感じ取ることを目的としています。

　この覚醒のトレーニングを始める前には、一日の間、生体組織を浄化するために多量の水を飲むことに止め、感覚も食物も断食するのは非常に有効です。

　絶えず新たな精神状態を保つには、私たちが行っているのは諸々の反応だけであって、自分独自の行動は行ったことがない、という事実を自覚することは

57

とても重要です。私たちが行うことのできる唯一、自分独自の行動は、諸々の反応をしないということです。

私たちが人生の中で行い、自分の行為だと思っている行動はすべて、実際は種々の反応の連続でしかないのです。

私たちの誕生にしても、９カ月前の両親のセックスがもたらした反応にすぎません。また、私たちは空腹になるから喰い、生存のためのエネルギーを消費してしまったから空腹になる、等々です。今あなたが本書を読んでいるのも、それが広告によってであれ、こうした主題に興味を引かれたからであれ、一つの反応にすぎません。その興味もまた、今まで受けてきた教育に由来する反応か、さもなければ、その教育に反抗する反応にすぎないのです。

このようにして私たちは、自分の一切の行動を誕生にまで遡らせ、さらに両親の誕生まで、遂には創造された最初の人間にまで遡ることができます。

その最初の人間も、この生命創造の実験ができるほどに科学レベルが発達した、私たちの創造者たちの反応により創造されたにすぎません。その創造者たちもまた、種々の反応の連続の結果で生じたにすぎない、等々。

人はこうした考察を、それ自体が一つの反応にすぎませんが、無限に続けて行くことができます。このことがまた、私たちが無限を意識するのに貢献するわけです。

そして筆者自身が、彼ら異星人との出会いの反応として、このトレーニング法を今あなたに伝えているわけです。彼らは私たちを導いており、筆者がトレーニング法を教授するのを望んでいます。

こうして、生まれてからずっと自分の行動だと思って行ってきた各種の反応の、無限の連続を認識したとき、私たちは絶えず自分が行なう反応を、十分に認識することの重要性を理解します。

誰かが通りで、私たちを突き飛ばしたり嘲ったりするときに、それが私たちに喧嘩を吹っかけることが目的の場合は、その相手は、彼が望むような反応を私たちが取ることを期待しています。もし、嘲りには嘲りで応えたとすれば、私たちは正に、相手が望んだ通りの反応を取ったことになります。しかし、それとは正反対に、私たちが嘲りに対して、そうした反応を取らずに道を歩き続けるのであれば、一つの反応を取ることを拒否して、一つの自分独自の行動を取ったことになります。

私たちが心を無にするトレーニングを行うとき、私たちは、環境や思考に対

第4章：意識的な非プログラム化

するあらゆる反応を拒絶して、自分独自の行動を行なうプロセスに入っている
のです。

　このプロセスに入っていく人は、次から次へと無意識のうちに起こる反応の、
絶え間ないサイクルから逃れ、自分の意識レベルを高め始めるのです。

第5章

意識的な再プログラム化

真の嗜好の発見

　意識的に非プログラム化を行って心を完全に無にしたあとは、私たちは直接に接している環境に、次いで、私たちを取り囲む無限に目覚めるようになります。それは、それらのすべてに私たちを結びつけるもの、すなわち感覚によって為されます。

「彼らは目があっても見ず、耳があっても聞かない」

　これが私たちの周囲にいる人々の姿であり、私たちも、このことを自覚する以前は似たようなものでした。

　私たちは生まれると同時に、触覚・味覚・嗅覚・聴覚、そして最後に視覚によって、次第に、自分が突然その中に投げ出された世界を発見するようになります。そして今、私たちを取り囲んでいるすべてのものに、再び戻ります。しかし今度は、完全にそれを意識しているのです。

　官能が発達してくると、条件づけによってただ習慣的に好きだと思っていたことが、本当は嫌いであり、教育のせいで味わう機会がなかったために嫌いだと思っていたものが、本当は大好きであったことを発見するようになるでしょう。

　私たちの感覚機能は、コントラストの知覚にその基礎を置いています。触角の場合は温度や感触のコントラスト、味覚の場合は味わいの、嗅覚の場合は匂いの、聴覚の場合は音の、そして視覚の場合は形や色のコントラストです。

　官能を発達させることは、差異の、特にその差異が私たちにもたらす作用の、感覚的な知覚能力を発達させることに他なりません。

　通常の人間というのは、彼が大急ぎで詰め込む料理に含まれている、大きな

第5章：意識的な再プログラム化

味覚の差異を知覚することはありません。それに、彼らの舌の小突起は、アルコールやタバコやその他の刺激物で傷んでいます。彼にとっては、二つのコップの、水の味の差を見分けることなどは、まったく信じられないことなのです。もしあなたがそうだとしても、がっかりする必要はありません。タバコを止めれば、数週間後には味覚が次第に甦り、正常に発達してきます。

同様に、通常の人間は大きな匂いの差も嗅ぎ分けることができません。彼にとっては、「これは良い匂いだ」とか「これは悪い臭いだ」としか存在しません。彼のパートナーがサロンにバラを生けたことを、彼が気づくことは期待しない方がよいでしょう。なにしろ、それを見て初めてそれに気づくのだから。

聴覚についても同じことが言えます。ドラムとエレキギターの音があれば、それでもう音楽だと思っています。クラシック音楽やシンセサイザーによる合成音の、微妙な響きを捉えることなどは問題外のことなのです。

視覚についても同じことです。テレビの色は、コントラストが最大限になるように調整されています。彼にとっては、天才の描いた絵の色合いやボカシの微妙さを捉えたり、あるいは草原の中で、一つの花を見分けることなどは思いもよりません。

最後に触覚ですが、鈍感な人間は、と言っても現代人の大部分がそうなのですが、愛撫が何であるのかを知りません。かろうじて、熱いか冷たいかが区別できるのみで、二枚の布地の手触りを比較することなどは全くできません。彼にとっては、愛撫とは手荒に撫でることであり、女性の肌に触れることも、それが健康上必要な粗野な射精に先立つものだから快いだけです。しかも、それの大部分は、夫婦の「務め」ということで、時折為されるだけなのです。

ああ、この現実の、大多数の「人間」のおぞましい実態は早く忘れましょう。そして、彼らが何に似ていて、どうしてそうなったのかを見てみましょう。

すべては、コントラストの知覚の改善ということにかかっています。

しかし先に進む前に、大事なことに触れておく必要があります。それはタバコを少しでも吸ったり、アルコールを飲んだり、麻薬類をやったり、コーヒーや紅茶のような刺激物をとったり、ましてや、これらの物を同時にやるような人は、官能の有効な改善を図ることは全くできません。自分の感覚器官を痛めつけておきながら、無限の知覚を研ぎ澄まそうとしても全く無駄です。それはあたかも、コンサートを聴きに行く前に、耳に綿を詰めるようなものです。

触覚から始めましょう。触覚の改善とは、私たちが触れる物体の、温度や手

触りの違いを識別する能力の改善を意味します。それは、徐々に細かい感覚の違いを見分けていくようなやり方で行われ、触覚が脳内にどういう刺激を与えるかを感じ取っていきます。

違いがハッキリ分かるものから始め、その違いを次第に小さくしていき、遂には、その違いを知覚するのがほとんど困難なものに進んでいきます。触覚の感受性の程度をこのようにして高めていくと、トレーニングによってその知覚が研ぎ澄まされてきて、自分でもその進歩が分かるようになります。何かを、あるいは誰かを愛撫するときは、指先に全神経を集中しなければなりません。自分が、触れているものに成りきって、それが自分に与えてくれる作用を十分に味わうのです。

味覚についても全く同じことが言えます。自分が食べたり飲んだりする物、特に水の味を、時間をかけながら分析するのです。味わう時は、あなたの舌の神経突起に成りきり、脳に伝えられる化学的メッセージの進路を追って、脳によるその解析に従うことです。一つの感覚を発達させるためには、他の感覚をすべて無視して、意識をすべてそれに集中させなければなりません。

目の不自由な人が、触覚・嗅覚・および聴覚を非常に発達させているのは、その視覚の欠如を、他の感覚器官の質の改善によって補っているからです。

一つの感覚を発達させるには、他のすべての感覚は無視して、その感覚のみのトレーニングに没頭しなければなりません。

私たちは、私たちを取り囲んでいる無限とは、すべて、感覚によってのみ結び付けられています。従って、触れることも、味わうことも、匂いを嗅ぐことも、聴くことも、そして視ることもできない人は、全く意識を持たないのです。なぜなら、意識というものは官能によって発達するからです。

無限を考察することはできません。それは、感じ取るものなのです。

私たちが生きているのは、私たちの生体組織と、私たちが進歩していく場である無限との間で行われるやり取りのお陰なのです。通常の人は、自分がこうしたやり取りによって維持されているにも関わらず、肉体的や精神的な病気を生じさせる不均衡を、自分の中に発生させているのが何なのかを自覚していません。ところが、これらの病気が、攻撃性や暴力の元となっているのです。

覚醒した人は、これらの交換を意識して改善するので、絶えず無限と、そして、自分自身と調和することが可能となります。

もっと重大なことがあります。通常の人は、世代から世代へと受け継がれて

きた暴力的かつ好戦的であれという罪深い掟に従うために、しばしばこのやり取りを妨げたり、故意に弱めたりします。この掟のために、地球は今日の私たちが知っている姿になり、自らの破滅のためにせっせと武器を蓄えているのです。

覚醒した人は、このやり取りを最大限に発展させます。彼は岩に触るときは大地となり、サクランボを食べるときは桜となり、バラの香りを嗅ぐときはバラとなり、ナイチンゲールのさえずりを聞くときはナイチンゲールとなり、そして、星空に見惚れるときは宇宙となります。

平凡な人間は、ひとりきりで孤独で、すべてから隔離されているように感じ、また接触を恐れるあまり、故意にすべてから自分を隔離します。これは、意識の不足と、自分の環境とコミュニケートする肉体的な能力の、漸次的な減退が原因です。

覚醒した人は、すべてに結び付けられていると感じます。彼は、自分の身体の分子の一つひとつと、また、夜空の星の一つひとつと愛し合います。

嗅覚は、コントラストを段々と大きく感じることによって、徐々に発達させるべきです。ただしタバコを吸っている人は、その前に浄化の期間が必要です。

聴覚についても同様であり、ディスコクラブやロックコンサートに何度も通って来た人は、まず断食の期間を取るべきです。というのも、これらの場所では音響設備をフル回転させるので、控えめな調査によっても、通いつめている人の聴力は、正常な人の聴力の30パーセントしかないと云われているからです。何百万という若者は、その聴力の大部分、すなわち音によって実現可能な無限との関係が、3分の2も不足しているのです！

しかし、身体は回復するのも早く、すぐにでもその全能力を取り戻すでしょう。そのためには音の断食をして、その期間中は、一切の騒音や音楽を避けるようにすれば良いのです。聴覚器官は少しずつその感受性を取り戻し、私たちは自分を取り巻く音を再発見して、音楽も人並みに味わうことができるようになります。

最後に、視覚も、色彩の微妙なニュアンスを知覚でき、私たちの精神状態を条件づける刺激を伝達することができるまでに研ぎ澄まされなくてはなりません。人は例えば、赤は人々を興奮させ、緑は気を静めることを知っていますが、しかし、すべての色が、視覚能力を改善すれば発見することのできる、それぞれの特性を持っているのです。

五感が十分に発達すれば、次には自分の中に、共感のメカニズムを始動させるトレーニングを行うことができます。こうして、ある音を聞くとある色を見、ある匂いを嗅ぐとある音を聞き、ある色を見るとある味を感じることができるようになります。

この感覚の壮麗な祭典によって、私たちの精神の最も重要な扉の一つが開かれます。それは、世界中の若者が探し求め、麻薬によってそれを得ようとしている境地を、私たちの内に引き起こします。しかもそれは、官能の改善という「官能瞑想」のトレーニングによって、極めて自然に、いかなる危険性も無しに得られるのです。官能が改善されれば、自分と無限とを結びつけているものを、自分の内に意識することができるようになります。

「香り、色、そして音は互いに響き合う」とボードレールは言いましたが、それと知らずに彼が言ったのは、まさにこの共感のことなのです。あらゆる感覚の調和の中に身を浸し、自分の中で混じり合っている無限の知覚で身を包んで、快楽の渦の中に浸かって下さい。

そうすれば、そこから抜け出てきた時には、もっと強烈に、もっと感受性が鋭くなっているでしょう。そして、自分の内に潜む宝の山を発見させ、同胞の意識レベルを高めることによって、この地球を幸福の世界に変えていくでしょう。

第6章

官能瞑想のプログラム

「官能瞑想」のプログラムは、全部で12のトレーニングから成る1週間の瞑想合宿で、毎年教えられています。この技法によって得られた効果がとても素晴らしいので、フランスやカナダでこの合宿に参加した多くの人たちが、この教育内容が録音されたカセットを、自宅で定期的に利用することを望みました。確かに、すべての成果を引き出すためには、「官能瞑想」の毎日のトレーニングが不可欠となります。

こうして、6つの基本的なトレーニングが選ばれ録音されました。これらのカセットは、ジュネーブ、パリ、ブリュッセル、モントリオールの4カ所でオープンしている「官能瞑想」センターで手に入れることができます。

これらのセンターでは、ひとりまたは集団のどちらでも瞑想することができます。そこには指導員がいて、カセットでは教えることのできないトレーニングも含めて、あらゆるトレーニングを指導してくれます。ところで、トレーニングの中には、異性のパートナーと一緒に行う性質のものもあります。ひとりの人もセンターでは、精神的にも肉体的にも調和できる人と出会うことができます。

その上センターには、あまり調和の取れていない住居に住んでいる人たちが、彼らの五感を十分に堪能させてくれる雰囲気の中で数時間が過ごせるように、そのための装飾品や設備が工夫されています。

同じ覚醒への道を選んだ人々との出会いと教育の場、無限の官能的知覚の交換と改善の場、指導員があらゆるレベルの問題を自分の問題として考え、より良い解決に導いてくれる場、それが「官能瞑想」のセンターです。

それではこれから、「官能瞑想」のプログラムと、カセットに録音された6つの基本的なトレーニングについて話を進めることにしましょう。

ハーモニー・メディテーション

プログラム１────無限との調和

　この瞑想は戸外で、できれば星空の下で練習するのが理想的です。しかし、気候条件により、いつでも戸外でできるとは限らないので、自宅に瞑想用の部屋を設けることが望ましいです。

　その部屋を、自分の好きなポスター、絵画、彫刻、その他の芸術品で飾り、調和の取れたものにします。光は柔らかい間接光が良く、できれば赤い色の光、ロウソクの光であれば一層良いです。これは視覚のためです。

　何らかの香り、できれば最も官能的な香りを焚くこともできます。これは第二の感覚、つまり嗅覚のためです。

　愛撫しやすいように、大変柔らかく心地よい床に身体を横たえます。もっとも、身体がまっすぐに伸びるためには、あまり柔らかすぎるのも良くありません。これは第三の感覚、つまり触覚のためです。

　あらゆる音楽的なニュアンスを捉えることができるように、できるだけ質の良い音を流します。これは第四の感覚、つまり聴覚のためです。

　始める前には、ハッカ、アニス（訳注：芳香性の植物）、果物など、あなたの好きなもので口の中を香りで満たします。これは第五の感覚、つまり味覚のためです。

　寒さを感じないで裸でいられるように、室内の温度は十分に暖かく（低くても摂氏22度に）保ちます。自分の身体をよく感じるためには全裸が理想的ですが、非常に軽くてフワフワした布地でできた瞑想用の衣服も、その肌触りによって、十分に感覚を補ってくれるでしょう。

　瞑想をする直前に、香りの立ちこめた温めの風呂に入るのも、素晴らしいコンディション作りとなります。

　仕事から帰ったら、着替えをすることも大変重要です。調和が乱れがちで汚れがちな環境にある職場で着ていた衣服を脱ぎ、せめてシャワーぐらいは浴びて、瞑想用の衣服を身に着けるのです。

　この衣服は、それを通して肌を愛撫する快楽が感じられるように、柔らかくフワフワした布地でできていれば、ディエラバでもアルバでも何でも結構です。色は自分の好きな色が良いのですが、特に好みがなければ白が最も良いです。

　特に男性の場合は、この衣服の下は全裸でなければなりません。というのは、一般的に今流行している身体にピッタリつくズボンによって、男性器は地獄の

第6章：官能瞑想のプログラム

責苦を味わっているからです。それが大多数の不能の原因となっています。全裸になることで男性器は正常の位置に戻り、血液が流入して正常な温度になります。これらのことは、ズボンで圧迫されているときは不可能です。

それでは、最初のカセットを聞くことにしましょう。

地面に横になるのと同じように、床の上にゆったりと横になる必要があります。腕は、手の平を上に向けて身体に沿って伸ばします。長いあいだ身体を動かさなくても良いように、安楽な姿勢で横たわることが大事です。さあ、目を閉じて耳を傾けましょう。

（A）呼吸の重要性

呼吸とは何でしょうか？ なぜ呼吸するのでしょうか？ あなたも知っているように、私たちは酸素に富んだ新鮮な空気を肺に満たし、次いで、炭酸ガスを含んだ空気を外に出します。

私たちの肺は、血液が身体中の細胞に送るために酸素を受け取り、替わりに炭酸ガスを排出する器官です。

大部分の人は、非常に不十分な呼吸しかしていません。時々欠伸をするということ自体が、不十分な呼吸をしていることの証拠です。

十分な呼吸をしている人は、決して欠伸をすることはありません。

毎日、少しの時間、意識的に呼吸をすると、健康も増進されて、覚醒のプロセスも加速されます。

すでに見てきたように、脳は生物コンピュータに他なりません。脳内では、絶えず放電を発生させる化学物質が分泌されています。この放電が思考を形成し、私たちの身体の肉体的・精神的平衡を維持させているのです。もし脳が酸素不足になると、化学物質の分泌が少なくなり、また逆に酸素過剰になると、肉体的・精神的病気の原因となるあらゆる不均衡が発生します。

呼吸が十分であれば、脳という中央コンピュータの全細胞に酸素が行き渡り、化学物質の分泌が促進されて、やがては全生体組織に調和が行き渡ります。

調和しているということは、脳が、生体組織のコントロール能力を最大限に発揮しているという、極めて単純なことです。

そういうわけで、「官能瞑想」のトレーニングの最初は、数分間、最も強い呼吸を続ける必要があります。そして身体全体に、酸素をたっぷりと供給するのです。それによって身体中の、とりわけ脳内の化学的交換が促進されます。

67

トレーニングの前に少なくとも３分間は、大変深く呼吸することが必要不可欠です。12分間続ければ、もっと効果的です。

この呼吸を行っている最中は、呼吸に全神経を集中し、それが、自分の生体組織に及ぼす効果をよく意識することが重要です。効果を意識して行うと、生物学上のフィードバック現象により、効果がさらに増大します。

（Ｂ）私たちを構成する無限小を意識する

カセット第１巻の第２部は、私たちを構成している無限小を意識することから成っています。私たちの身体を構成し、そして中央コンピュータである脳にすべて神経で結び付けられている全細胞を、相互に結びつけることが主題です。この無意識のうちに進行している微妙な関係が、意識的なものにならなければなりません。そうすることで、その意識を高め、まずは肉体的に、そして精神的にも、全く緊密一体になったと感じることができるようになります。

この第１巻のカセットが、「官能瞑想」のプログラムの中で、最も重要です。なぜなら、この部分が、自分が自身の中で成長するのを意識していく基礎であり、木の根幹であるからです。これ以降のトレーニングは枝葉にすぎません。

身体はそれを構成する細胞を意識し、細胞は逆に身体を意識するという、それがこのトレーニングの目的です。私たちを構成しているレンガ、つまり細胞の一つひとつが突然、自分を取り巻いている細胞と直接結び付けられており、また、細胞相互を連結する脳コンピュータを介して、他のすべての細胞にも間接的に結び付けられていることを感じるようになるのです。

トレーニングの最後には、中央コンピュータ自身が、自分を構成している物質および、自己意識を持たせてくれるすべてのニューロンを意識するようになります。それは、自己意識を持ち、自己意識を持ったことを意識する物質なのです。

このときに生体組織は、脳と全細胞との間をあらゆる方向に動きめぐるエネルギー波でいっぱいになるので、幸福感に満たされて、感じやすい人は泣き出すほどです。この現象に逆らう必要はありません。なぜならそれは、私たちを構成している全細胞が感じるところの、ついに結び合わされ、完全に一体になったという幸福感からきた、化学的反応に他ならないからです。むしろ、調和感に満ち溢れたこの瞬間を、十分に味わうべきです。

これこそが、その深い肉体的な意義を完全に失って、宗教的行事と化してし

まった「祈り」の、本来の意味であったのです。「祈り」（se「re-cueillir」）の語源は、ラテン語の「recolligere」で、これは「再び結び付ける」（re-lier）、つまり、私たちを構成している諸要素を、再び結び付けることを意味しています。

（C）自分のレベルを意識する

トレーニングのこの段階では、あらゆる部分が完全に緊密に一体となり、「瞑想によって再び結び付けられた」全生体組織は、カセットを聞くことで、もっぱら聴覚によって、私たちを取り囲んでいるものを意識していきます。

音の振動を知覚することで機能する、この感覚によって生じた自覚は、身体全体が音楽の振動を知覚するのを可能にします。これによって、私たちの細胞の一体性の意識が増大します。聞いているうちに身体は突然、自分自身から来たものではない何かを感じ、身体中の細胞がグローバルな調和のうちに完全に連帯し、一体になったと感じて、揃って振動し始めます。

最後に、波動は物質ではなく、それを伝播する物質の振動現象であるので、耳だけでなく身体全体で聴いている生体組織は、身体中が振動しているわけなので、正に音楽そのものです。

（D）私たちがその構成要素である無限大を意識する

自分自身と調和した生体組織は、次にはその環境と調和する能力を意識し、ついには、自分がそのほんの一部分にしかすぎない、無限大と調和することができるようになります。これが、このカセットの最後から2番目の部分の目的です。

私たちを知らないうちに諸銀河系の無限の中に、つまり、自転しながら太陽の周りを公転している地球レベルの無限へ、さらに、私たちの銀河系の中を公転している太陽系レベルの無限へ、さらにまた、別の他の点の周りを巡っている私たちの銀河系レベルの無限へと、その中に引き入れる動きを明らかにすることが目的なのです。

私たちがいつも、地面に横たわっているときは静止している、という印象を受けるにも関わらず、これらの動きはすべて無限に加わっていき、私たちを想像もできない速さで永遠の循環の輪の中に投げ込んでいきます。そして、私たちの頭上にあるこの広大な宇宙のどこかに、私たちを観察し、我が子と同じよ

うに私たちを愛してくれている人々がいるのです。

この無限大の知覚によって、すでにその構成要素である無限小と調和した状態にあり、それを取り囲んでいる波動のリズムと完全に共鳴して振動することのできる生体組織は、自分が存在している宇宙の広大さと、自分がそのほんの一部であり、その中に永遠に浸っている自然の宇宙的な調和を意識することができます。

私たちがその中に漂っている無限大との調和を感じることは、それと同様のプロセスを踏むことで、私たちを構成している細胞相互の結合力を強化します。ある日突然、自分が調和に取り囲まれていることを意識すると、生体組織はそれ自身も、調和的にならなければならないと感じるのです。

（E）人類の可能性を意識する

このトレーニングの最後は、私たちがその一部である人類を意識して、私たちのレベルに戻ること、つまり、もしすべての人間が、自ずから友愛と世界平和をもたらす完全なる調和に満ちて共に感動し合うとき、我が地球上に起こることを意識することから成ります。

私たちが感じるこの素晴らしい満足感に、すべての人々が容易に到達することが可能であるのを理解するとき、私たちは、自分自身が人類という大きな身体を構成する細胞の一つであり、この地球全体に、愛の情熱を伝えるという責任を負っていることを自覚するのです。それは、私たちが無意識のうちにその中に浸っていながらも、いまだに自然の調和を発見する喜びを知らない周囲の人々に、私たちが感じたものを発見させることによって成されるのです。

このトレーニングは、極めて速く飛翔すること、すなわち麻薬によって得られる感覚と同じものを、何の危険も無しに、自然に体験することが可能となります。「官能瞑想」で、あの恐ろしい禁断症状を経験する必要もなく、しかも、遥かに強烈なトリップが可能となることが分かって、それまで麻薬をやっていた多くの若者たちが、この危険な物質の使用を止めました。

さらに最も重要なことは、麻薬を止めて「官能瞑想」を行うことにより、仕事も性生活も、遥かに優れたものになるということです。

麻薬の使用により、脳がショートすることによってコンピュータの機能が阻害され、一時的な快感を得ることはできますが、同時に、脳と意識の状態は悪化してしまいます。「官能瞑想」は、麻薬の時と同じ快感をもたらしますが、そ

の感覚は、より深く、永続的なものです。しかも、脳をショートさせて意識レベルを退化させることもありません。逆に、使えば使うほど、ますます良く機能する自然のメカニズムを発達させることによって、意識レベルを高めることができるのです。

麻薬は、自然のメカニズムを損なうことで、ある種のエクスタシーを感じさせてくれますが、麻薬を使用しなくとも、自然のメカニズムは、普通のままでそこまで到達することができるのです。一方「官能瞑想」は、この自然のメカニズムを発達させて、少しずつではあるのですが、簡単な方法でエクスタシーまで到達させてくれるのです。

完全に覚醒した人は、絶対的悦楽の状態に、いつも留まることができるようになります。このような意識レベルに到達するためには、自分自身への旅立ちが数年間は必要となります。一般的には７年間が必要です。瞑想を始めてすでに覚醒しつつある人は、もっと少なくて済むでしょう。

プログラム２―――生命のリズムの意識化

カセットの第２巻は、まず呼吸を意識することから始まります。しかし今度は、今までよりも、もっと肉体的な手段で行うのです。

今度は、息を止めた後に吸う新鮮な空気と、気管支や肺の中に残留している温かい空気との対比によって、呼吸器官の全体を感じることがポイントとなります。

官能は、温度、色彩、音、あるいは香りの違いを対比することによって発達します。

各トレーニングの前にやったのと同様に、長い間の酸素供給を行ったあと、私たちは肺の中に入り込み、それによって私たちの生命が維持されているこの素晴らしい化学交換、つまり血液への酸素　を実感するのです。

この時、私たちは心臓の鼓動を感じることに意識を集中します。このポンプは、生体組織全体で待たれている酸素を、血液が受け取ることができるように、肺の中に血液を送り込んでいるのです。

心臓の鼓動をもっとよく感じるために、両手の指先を軽く合わせてみましょう。まず指先で、この規則正しいリズムを十分に感じ、次に手の全体で感じ、さらに、段々と身体全体で感じるように努め、最後には、脳自身で心臓の鼓動

を聞くように努めてみます。それから心臓そのものを意識し、胸の中でその鼓動が、静かに調和して脈打っているのを感じます。

覚醒合宿で教えられる他のトレーニングにより、心臓の鼓動を意識的に速めたり、遅めたりすることができるようになります。それは普通時には心臓と同じように、そのことを意識することなく脳によってリズムが制御されている呼吸を、意識的に速めたり遅めたりすることができるのと全く同様です。

第1のカセットが私たちの生体組織の全体を結びつけるのに対し、このカセットは、絶えず私たちに生命を与えているリズムを私たちに意識させます。これによって私たちは、このポンプに応じて身体の隅々まで息づいていると、つまり、自分が生きているということを感じるのです。

プログラム3───身体の意識化

私たちの身体を構成している全細胞を結合し、私たちの身体を活性化して生命を与えているリズムを感じたあとは、私たちは第3巻のカセットで、感覚を通して身体を意識します。

最初の二つのトレーニングは私たち自身の内部で行われ、そこで私たちは、生体組織が官能を介することなく、全く内部のメカニズムを通して自分自身を意識するのを見てきました。

今度は、まず目を閉じて、触覚によって自分の身体を発見することから始め、それから他の感覚のそれぞれによって身体を発見していくことにします。

触覚で自分の身体を発見することで、私たちは身体各部の感受性の相違を意識し、そして触れる人と触れられる人、愛撫する人と愛撫される人の快楽を、同時に味わうことができます。しかし、最初は身体の他の部分よりも、指先に注意を集中してトレーニングを行う必要があります。手を通して自分の身体の形や大きさを意識するために、もっぱら触れる人にならなければなりません。

こうして、自分の身体を触覚によって発見していると、赤ん坊のときに自分の身体をまさぐって感じた快感を憶い出します。しかし今は、自分がしていることを完全に意識しています。それは、指をもっとよく感じるために指先を吸う時、特に明らかとなります。こうして触覚器自体が触れられるのです。

このときは同様に、自分の肌の味をも発見します。指、そして腕の皮膚を舐めてみることにより、私たちは自分が持っている、そして自分だけの味を発見

するのです。

　次は、目を閉じたままで、自分の体臭を発見します。このトレーニングを始める前には、石鹸を使ってシャワーを浴びないこと、体臭脱臭剤や香水を肌に塗らないことが必要です。理想的なのは、このトレーニングを行う前日の夜に、石鹸を使ってシャワーを浴び、夜のうちに体臭を分泌させておくことです。

　次は、手と耳を用いて、自分が話すのを感じながら、自分の声を発見します。

「私は声を出しながら自分の頭に触れている」

といった具合にです。あたかも、他人が言っているのを聞いているように、自分の声を聞くのです。

　最後に目を開いて、赤ん坊が揺り籠の中で手を動かして喜んでいるように、まず自分の手が正確に動くのを眺めながら、視覚により自分を発見します。しかし今度は、赤ん坊のときとは違って、自分の手と、その動きの美しさを意識しています。

　身体は、改めて自分の手によって愛撫され、私たちは、自分の身体のあらゆる部分の形を、まるで初めて見たかのように再発見するでしょう。

　このトレーニングの初めに、手鏡を用いて、自分の身体の特定の部分を眺めることは大変重要です。

　新たな目で自分を眺めます。私たちは今まで、自分の身体の特定部分、特に性器を、愛情を持って見つめたことはありませんでした。両親によって教え込まれてきたタブーがその原因です。特に女性の場合は、その性器は社会によって汚れたものと見なされてきました。

　私たちに快楽をもたらして、生命を生み出しうる性器は、女性にとっても男性にとっても、花のように美しいものです。それに花は、植物の性器なのです。

　肛門も、鏡で見ると、私たちの身体の素晴らしい部分です。そこは、私たちには決して触れることのできない身体内部のさまざまな箇所に触れて、私たちが生きていくために、その最良の部分を体内に残してきた物質が排出される場所なのです。

　こうして私たちが、自分自身を楽しむことのみを望んでいる、この身体という生きた素晴らしいオモチャを感嘆して発見したあとは、私たちは自分の周りの環境と接触することができるようになります。そこには、私たちと同じように私たちを形づくっていながら、非常に長いあいだ無視され続けてきた宝の山を、意識することのできた人々が行き交っているのです。

ハーモニー・メディテーション

プログラム４───無限のシンボルを前にしての瞑想

　横になって行ってきた今までのトレーニングとは異なり、このカセットは座って、できるだけ楽な姿勢で、できれば、あぐらをかいて聞くのが良いでしょう。

　本書巻末に描かれている無限のシンボルを、目の高さの壁に貼ります。部屋を薄暗くし、できれば強い白色光でその絵を照らします。

　今までのトレーニングで、自分自身を完全に覚醒させてきた人は、そこに全く目新しい何かを感じ、その模様の形から送られてくる波動を感じるようになります。

　私たちの周りにあるすべての形は、絶えず私たちに働きかけています。つい最近行われた小型のピラミッドを用いた実験によると、一定の方向に傾いた壁から反射してくる波動によって、果物を全く腐らせることなく、乾燥させることができるそうです。また、音を電気的に分析すると、Ｏの音はＯの形を、Ｉの音はＩの形をスクリーン上に描き出すことも分かっています。

　それぞれの色や音は、固有の波動を発していて、その波動は調和することもでき、また私たちの行動や満足感を左右しています。同じように、私たちの環境の中の様々な形が発する波動は、私たちの開花にとって大変重要な働きをします。

　本書の始めですでに示しておいたように、空間と時間の無限性を象徴するこのシンボルは、とりわけ調和的な形の波動を発します。そしてこのシンボルが、チベットの『死者の書』（バルド・トドゥル）の中や、インドの方々で見られるのも決して偶然ではありません。これらの地域は皆、たとえ迷信に色濃く染まっているとしても、個人の開花を重くみる伝統のゆえに、よく知られている地域なのです。

　時計屋は、この広大な大陸の中にも、その使用法の痕跡を残していたのです。

　このトレーニングを真に効果的なものにするためには、このシンボルの一部を、自分たちの紋章を作るために用いたあのナチスの犯罪者たちとは、このシンボルが全く無関係であることをよく理解しておくことが不可欠となります。

　どんな辞書でも「まんじ」の項を引けば、「インドの宗教上のシンボル」という説明と共に、この鉤十字をあなたは見つけることでしょう。実際、何千人もの人々が毎日、何千年もの間に亘って先祖が行ってきたのと同じように、こ

の鉤十字で飾られた仏教寺院で瞑想をしているのです。

　もしヒトラーが、その紋章としてキリスト教の十字架を用いていたとしたら（実際、鉤十字と決まる前には、そのことは極めて真剣に考えられたのです。なぜなら、キリスト教の十字架であれば、ユダヤ人の虐殺計画には役立っていたでしょうから）、全世界のクリスチャンは、戦後、このシンボルを所有したり用いたりする権利を失っていたでしょうか？

　答えは明らかにノーです。同じように、宗教裁判で何千人もの人々が、キリスト教の十字架の名において殺されたからといって、イエスの愛と友愛のメッセージには何ら変わるところがありません。

　これは大事なことです。なぜなら、暴力の紋章だと思っているシンボルの前で瞑想し、開花するのは不可能なことだからです。そうではなく、重なり合った二つの三角形とまんじから成るこの形は、無条件の愛と無限、生命の歓喜のシンボルなのです。

　上を向いた三角形は無限大を象徴しています。私たちを取り巻いている、いや正確に言うならば、私たちと共にある無数の恒星や銀河です。私たちは宇宙の中心にいるのではなく、太陽系の中心ですらないのです。

　下に向いた三角形は無限小を象徴しています。私たちを構成し、相互に結びつけられているとは言っても、独立した組織である無数の細胞、その細胞を構成している分子、その分子を形成している原子、その原子を形成している微粒子です。この微粒子は、それ自体が宇宙であり、その中の惑星には、私たちと同じような人間が住んでいて、空を見上げながら、他にも生命は存在するのだろうかと自問しているのです。

　私たちが見上げている星々も、それ自体は私たちの銀河系の一部であり、その銀河系も私たちの宇宙の一部分にすぎません。さらにその宇宙も、ある巨大な存在の身体のどこかの、そのまた一部分にすぎないのです。そして、その巨大な存在もまた、星空を見上げながら、他にも生命は存在するのだろうかと自問しているのです。

　そして、この二つの三角形の交差は、無限大は無限小から構成されており、無限小なしには無限大もあり得ないことを示しています。

　鉤十字は時間の無限性を象徴しています。物質の形態であれ、エネルギーの形態であれ、私たちの周囲にあるものはすべて永遠に存在しています。私たちを構成している物質は永遠に存在し、また永遠に存在し続けることでしょう。

なぜなら、私たちは永遠によって構成されているからです。形態のみが変化していくのです。

　私たちは、一定のプランに従って、食物から吸収された粒子の組織的な結合体にすぎません。つまり、まずは私たちを形づくるために母親の胎内で吸収され、誕生以後は、自分で食べた食物から吸収された粒子の結合体なのです。ですから、ある粒子はニンジンから、他のものはジャガイモ、肉、卵などから来ているわけです。

　例えば、私たちの母親または私たち自身によって食べられ、鼻の粒子として留まっているニンジンについて考えてみましょう。ニンジンは、それが生えている大地からその粒子を摂取しました。それは農夫が施した堆肥から来たのであり、その堆肥は牛の腸から来ています。牛は、牧草に含まれていたこの粒子を食べたのです。その牧草はまた、鷹に食べられたネズミが、糞としてその牧場に排泄されたものが元である、等々。

　こうして私たちは、鼻の中の粒子の歴史を、地球上における生命の創造以前にまで遡ることができます。私たちを構成しているあらゆる粒子は、このように永遠に存在しています。そのうちのある物は、何世紀あるいは何千年前の、他の人間の身体の中にすでに存在していたのです。

　これが、いま私たちが見つめているシンボルの表していることであり、このシンボルは私たちに向けて有益な波動を発しています。それを見つめるためにカセットに吹き込まれた技法は、そのイメージを私たちの網膜に焼きつけ、特に私たちのコンピュータ（訳注：脳）に、その正確な形を伝えることが目的です。この波動を長く受けていると、私たちの調和の質が高められます。

　これが、私たちがその中に浸っている、無限の波動による自覚です。

プログラム５———他の宇宙の発見＝私たちのパートナー

　このトレーニングは、これまでの四巻とは異なり、ひとりではできません。パートナーが必要です。あとでセックスをするつもりでいるカップルにとっては、これは、それが成功するための素晴らしい準備となるでしょう。また、すでに長いあいだ深い関係にあるカップルにとっては、その関係に新しい光を当てる、つまり相互の同時的覚醒を得るための、素晴らしい準備となるでしょう。

　しかしこのカセットは、性的関係を結ぶことは望まないが、ただ一緒に個人

的な開花を達成したいと願っているカップルにとっても、同様に用いることができます。

　前のカセットでは、そのシンボルの形が発する波動を自分自身に焼き付けることによって、自分が自覚した外部世界と自分自身との調和へ、自分を全面的に開いていくことがその内容でした。

　今度のカセットは、内的調和を自覚した私という宇宙が、自分の姿と同じ他の宇宙を発見するために役立つのです。これは、パートナーの身体の全身を、軽くマッサージをすることで成されます。

　ひと通りのカセットが終わると、今度は最初から聞き直して、マッサージをされた人がする側に、発見された人が発見する側になります。こうして、二つの宇宙が互いに知る（connaissance）ようになります。そう、それは正しく、「共に生まれる」（co-naissance）ことなのです。なぜなら、ふたりの個人が共に生まれるのですから。

　生まれる（naître）の語源はラテン語の「nascere」であり、それは「世界に現れる」を意味します。すでに見てきたように、私たちの身体は一つの宇宙であり、従って一つの世界です。私たちの周囲に在るものは、私たちがそれを意識する時に世界に現れ、生まれるのです。私たちが誰か他人と知り合う時は、それは互いに世界に出現し合っているのであり、まさに「共に生まれる」というわけです。

　この軽いマッサージは治療が目的ではないので、それを行うのに運動療法的な知識は必要ではありません。私たちと同じように細胞や粒子の集合体であり、また私たちと同じ反応を示しうる他者の体型を、単に触覚によって意識するだけで良いのです。

　また、愛撫とも違うので、エロチックであってもいけません。常に心臓の方へ向かって、私たちが発見する身体を非常に軽く撫でていくのです。あまりに弱くやるよりは、少し圧力をかけてやった方が良いです。パートナーの身体の固さを知り、身体中の肌を通して骨の輪郭を知ります。私たちの親指は、別の世界を構成する、この生きている物質を撫でているのです。

　マッサージされる人に対して、このトレーニングはさらに重要な効果をもたらします。実際、彼（彼女）は別の生体組織を、その手と指先を通して意識するのです。だから彼（彼女）は、突然自分の手足に触れてくる、何か馴染みのない、絶対的な調和の中にいるような感じがします。

最初の反応は、見知らぬ人に出会ったときに感じる、一種の拒否反応としての緊張です。それから徐々に私たちの生体組織は、この接触によって生じる効果は手応えがあり、素晴らしく寛いだものであるということを自覚してきます。やがて、肌の上の指の移動が待たれるようになり、これから指が移動していく場所を予期して待ち望むようになります。

この期待が快楽に変わっていき、私たちの生体組織全体の一体感を高めていくのです。

このトレーニングが終わると、セックスパートナーを持たない人向けのプログラムの部分が終わり、次のカセットは、いよいよふたりの異性の肉体的な結合の前段階に向けられます。

セックスが無くても、他者との肉体的な接触は可能であるのを発見したことで、他者に対する私たちの反応は大きく変わってきます。私たちが会っている近親やその他の人を、もう今までと同じようには見なくなります。私たちの周囲の人間に対するこの新しい見方によって、これからはコミュニケーションの可能性が著しく増大します。

私たちが受けてきた中世的な教育が教えているように、他者を、その人とは声と姿によってしかコミュニケーションすることができないように見ることは、これからはもうしなくなります。そうではなくて、自分と他者とがさらに開花するために、この接触の有用性を理解して受け入れるならば、他者を自分が触れることもでき、相手も自分に触れることのできる、生きた存在として見ることができるようになるのです。

子供たちが全面的に開花するためには、両親に触れたり、触れられたりする肉体的接触が不可欠である、ということが証明されています。もし私たちがこのトレーニングを体験する前に、この肉体的な接触という観念に躊躇いを感じていたとしたら、それは私たちが、教育者たちとの肌の触れ合う交流を、恐ろしく欠いてきたために他なりません。

というのも、彼ら教育者たちは、肉体的なものはすべて悪とする、ユダヤ―キリスト教的モラルの虜になっていたからです。私たちは子供時代に、父親に唇や額にキスされるだけでなく抱擁されることを、また、ペスト患者のように隔離されるのではなく、愛撫され、撫でられ、触れられ、胸に抱きしめられることを何度、望んだことでしょう。

こうした肉体的な接触の欠如が、このトレーニング計画に躊躇いを感じさせ

ている原因なのです。しかし、両親によって奪われたこの感覚の中に生きることを学び直すのは、今からでも遅くはありません。私たちは失われた時を取り戻し、あらゆる触覚的な能力を再発見し、とりわけ、指先と接触している中央コンピュータ内の神経系との結びつきを発達させることができます。

　以上のことは、特に子供を持つ人は、子供と一緒にいるときに心がける必要があります。子供たちに、自分に触れ・親に触れ・また触れられる、ことを教えるのです。

プログラム６────相互のエロス化

　この最後のカセットは、トレーニングの終わりに、セックスを行おうとしているカップルが聞くために作成されたものです。

　セックスは、私たち自身が自分の中に育てていく、木の幹の頂上を成すものであり、そこから、全面的な開花という花をつける枝が広がっていくのです。自由で調和的である完全なセックスがなければ、完全に覚醒することはできません。

　実際、ふたりの肉体の結合は、五感を同時に働かせることを要求する最も単純な行動です。そしてまた、とりわけそれは、もし絶対的な覚醒に到達したら、絶えず味わうことのできる境地を、チラッと垣間見せてくれる全面的な閃きの瞬間に、無限と調和するための最も簡単な手段でもあるのです。

　今までのカセットの場合と同じように、まず酸素吸入のための時間を取ります。これは、五感が捉えたものを私たちに感じさせてくれる、脳内の化学的反応の質を高めることが目的です。そして、この酸素吸入のための深呼吸が終わると、このトレーニングの最初の部分に入っていきます。それは、パートナーの身体を視覚で意識することです。

　パートナーは側に横たわり、私たちはその身体を足先から頭の先まで眺めます。その時に、自分と同じような宇宙がそこにあり、それと合体して、やがて一つになることを意識しながら眺めるのです。無限大の一部である、二つの無限小の出会いがそこにあります。

　横たわっている人は目を閉じて、自分に注がれた視線による愛撫を意識し、それが自分の身体の上を移動していくのを「感じます」。官能の覚醒と共に進んでいく相手の視覚器官に、自分の肉体の優雅な曲線を晒すのです。彼女は、

身体に沁み込むこの視線によって、すでに全身の至るところから貫かれているのです。

このトレーニングの第2部は、第5巻のカセットの時より遥かに柔らかいマッサージによって、パートナーの性感帯を刺激することから成ります。これは事実上、マッサージされる人を性的に興奮させるための愛撫です。

各人の感受性に応じて、身体のある部分は軽く、ある部分は強くマッサージする必要があります。この場合、マッサージされる人はこのトレーニングに全面的に協力し、どこが良くてどこがあまり良くないか、もっと強く揉んで欲しいところ、逆にもっと軽く触れて欲しいところはどこなのかを、相手に告げることが大変重要です。

実際、性感帯の大部分はすべての人に共通であるとしても、個人の個性に応じてバリエーションがあり、ある人には全く感じない場所が、他の人にはものすごく興奮する場所となることもあります。このバリエーションを発見することで私たちは、遥かに良い結果を得ることができ、トレーニングが進むにつれて、他者に敏感に反応する皮膚の刺激を洗練することができます。

愛撫される人が、愛撫する人に自分の感じることのすべてを、正確に伝えることが非常に重要です。ほんの微かな快感も、微かな呻き声によってハッキリと示されることが必要です。これには三つの効果があります。

第一に、それによってマッサージをする人の手を、正しく導くことができます。第二に、自分の手の動きの効果が分かることによって、マッサージする人も興奮を覚えます。第三に、自分の快感の呻き声を聞くことにより、感受器官の機能の改善をもたらす一定のメカニズムが脳内に生じるという、生物学的なフィードバック現象によって、愛撫される人の快感が高まります。快感が快感を呼ぶのです。

ですから、このトレーニングの最初は、ほんの微かな快感にも、少し声を大きくして積極的に反応することが不可欠となります。つまり、たとえ最初は快感が非常に微かにしか感じられず、また通常は、満足感を大きな声で表現したりはしないとしても、自分の感じた快感が相手に分かるように、十分に強く呻き声を出すのです。快感への反応を大きくすることは、快感それ自体を大きくすることになるでしょう。

視覚、触覚、聴覚でパートナーと接触したあとは、今度は味覚と嗅覚が登場します。

第6章：官能瞑想のプログラム

　先に指先で愛撫した時と同じところを、今度は唇で触れて、舌先で味わったり、息を吹きかけたりします。横たわっている人は、口と鼻で自分を探る相手の熱い吐息を身体中に感じます。このトレーニングの最中は、新鮮な空気を鼻から吸って口から息を吐き、一方で嗅覚を十分に機能させると共に、他方では、横たわっている人に熱い吐息を肌で感じさせることが大切です。

　パートナーの体臭を発見することは、大変重要です。事実、体臭は「フェロモン」（phéromone）という、ある化学物質を含んでいることが、科学的に証明されています。このフェロモンという言葉はギリシャ語が語源で、「運ぶ」を意味する「pherein」と、「自分が存在する」を意味する「harmaô」から来ています。要するに、「自分の存在を示すもの」がその意味です。

　ある生命から分泌され、同一種の他の生命の行動に影響を与え得るすべての物質に、この名称が付けられてきました。交尾期になると、ある種の蝶は、いろいろな匂いが充満している森林の中で、数キロメートル離れた先からでも異性のパートナーを、それが発した一つの匂いから発見するのが可能なことを知るなら、この感覚がいかに重要かということが理解できるでしょう。

　さらに、実はすでに、女性器から発散される匂いが不能者の治療に、逆に男性器から発散される匂いが、不感症患者の治療に用いられているのです。そういうわけで、調和的な性生活を送りたいのであれば、体臭消しは使わないことです。

　それに、新鮮な体臭は決して不快なものではないことを、よく理解することが大切です。例えば、新鮮な汗は決して不快には感じられません。しかし、その反対に、長いあいだ身体を洗わずに汗が服の下で発酵するのに任せておくなら、その臭いはとても耐えがたいものとなるでしょう。バラでさえ、萎れた時は不快な臭いがするものです。

　そういうわけで、体臭の中の一定の物質が、私たちの性的な反応に効果的だということが分かりました。ですから、パートナーの身体のカセットで示された部分に息を吐きかけ、その物質を発生させることが非常に重要です。そうすれば、私たちの脳内に自分固有の刺激効果が生じてきます。

　味覚についても同様です。皮膚はある化学的なメッセージを含む重要な物質を分泌し、そのメッセージを舌の触覚器が分析して中央コンピュータに伝えます。すると、中央コンピュータは、性器官がいよいよその行為に移れるよう、性器官に他の化学的・神経的メッセージを送りだします。

最後の呼吸の交換も重要です。なぜなら、それによってふたりの身体がその呼吸を調和させることができ、また、同じリズムによって生きていることを実感するからです。それに加え、私たちの身体の内部と接触してきたこの空気は、私たちの体内を旅してきた粒子を含んでおり、二つの生体組織が互いに「知り合う」（共に生まれる）のに貢献します。

最後に、口づけは、ふたりが互いの味覚器官によって化学的なメッセージを交換し、相手が味わったものを、同じ器官によって直接味わうことを可能にします。指先を互いに合わせる時も同じことが起こります。それは、目や耳や鼻では不可能ですが、しかし、指先を合わせるよりは口づけの方がずっと強烈です。

このトレーニングが終わると、横たわっていた人がカセットを裏返して、今までしてもらったことを相手に行います。このようにして、最終的にふたりのパートナーは、互いに相手に対して完全にオープンとなり、互いに豊かになりながら、この二つの宇宙の出会いという驚異的な次元に心を保ちながら、合体する準備が整います。

単に性器だけでなく、自分の存在全体で感じる意識的オルガスムに同時に到達することが、この無限の祝祭の周到な準備に対する報酬です。これは非常に長いあいだ持続し、今までの「性交」とは全く異なるものです。

最終的に、相手になるふたりの絶対的な結合は、私たちを構成している原子や、私たちがその構成要素である銀河系との性交を可能にし、一種の宇宙的オルガスムをもたらすのです。

第7章

官能瞑想センター

　今まで要約してきた全プログラムは、人間を創った「時計屋」から人間に与えられたトレーニング法のすべてではなく、すでに述べてきたように、私たちの開花という一本の木の、いわば幹です。木は幹だけでは生きることはできず、呼吸をし、花を咲かせ、葉を茂らすためには枝の一つひとつが不可欠です。

　この枝の一つひとつが、今までのと同様に本質的なトレーニングなのですが、それらは、カセットに録音することは不可能でしょう。なぜなら、それらのうちのあるものは、ガイド（「官能瞑想」の指導員にこの名称がつけられます）の補助を必要とし、あるものは、とりわけ調和のとれた集団的発声によるバイブレーションのトレーニングのため、集団で実施することが必要となるからです。

　同じように、自分自身の身体の美しさを徐々に発見することも、覚醒のプロセスとして挙げることができます。自然主義の手ほどきを受けて、実習に参加した仲間たちのそれと比較することによって、私たちは自分の生体組織のあらゆる部分が、うまく調和していることを発見することができます。

　このことは、特に女性にとっては重要です。なぜなら今まで、女性器は汚らわしく忌むべきものと教え込まれてきたからです。しかし、他の女性のそれと比べてみることで、それがどんなに素晴らしく魅力に満ちて、無数の形があるかを発見することができます。

　男性も、男性器の素晴らしさを発見して劣等感など忘れてしまうでしょう。それは例外なくパートナーとの性的関係にうまく適合しており、無数の形と大きさがあり、しかもそれは皆、各自固有の長所であって、他人に劣るものは何もないことが分かるでしょう。

　しかしこれらのトレーニングの中で最も重要なものは、このセンターにおいて同様に開発されている、感覚の利用の改善です。この基本となる五感の発達

83

が、第六感、すなわちテレパシー交信能力の発達を最終的に可能にします。この最後の感覚は、他のすべての感覚が最大限に調和して働くときにのみ、発達することができるのです。

これが、官能の真の学校である、「官能瞑想」センターで教える内容の概略です。

さらに、青少年のためのセンター利用について触れておきます。これらの青少年は、性生活の実際について、両親からは蚊帳の外に置かれています。教師も性教育は行いますが、ハツカネズミや犬を例にとり、それがどう働くかを話すだけで、最大限の快楽を引き出すために、それをどう使うかは教えません。

避妊技術が次第に広がりつつある時代に、個人の性生活は、あたかも生殖のみを目的としているかのように教えます。若い娘にピルを用いることを許しておきながら、セックスは子供を産むためにあると教えています。これは現代における、人間の欺瞞の最たるものです。

「官能瞑想」センターには、成人のみが入ることを許されます。何歳で成年に達するかは各国の法律により異なり、例えばフランスでは18歳です。15歳から18歳までの青少年の場合は、我が「官能学校」に備え付けの文書による、両親の許可があれば入ることができます。つまり、15歳から18歳の人は、両親の同意（！）のもとに性生活を営む権利（！）を持つわけです。15歳未満の人に関しては、たとえ両親が同意しても、性生活を営む権利はありません！！　法律がそうなっている以上、これはどうすることもできません……。

あなたの国の成人年齢を知るために、あなたの国の「官能瞑想」センターに問い合わせて下さい。そして、もしあなたが若すぎる場合は、本書に書かれている基本原則に従って、ひとりで感覚を覚醒させながら、入会できるまでしばらく待つようにして下さい。

ガイドの有用性

特別な天分に恵まれた人は、全くひとりだけでも、十分に開花することができるでしょうが、完全な覚醒を望む人の中でほとんどの人は、手探りで時間を浪費するのを避けて、調和に至る道を歩むためには、指導を受けた方が良いです。また、優れた天分に恵まれた人でも、有効な知識を与えてくれるガイドがいなければ、あまり有益ではないことに多くの時間を費やしてしまうでしょう。

第7章：官能瞑想センター

　ある人たちは、覚醒を一つの山に例えています。つまり、一つの山には無数の道があって、そのうちのいくつかが頂上へ、つまり覚醒に至るというのです。しかし私は、それをむしろ一本の木に例えたいです。しかもそれは、各人が自分自身の中で育てていく木です。したがって、ひとり一人に応じて、その形も、伸びる方向も、つける実も異なっています。

　覚醒を山に例えると、それは一つしかなく、しかもすべての人に同じものということになって、それは正しくありません。たとえ彼らが、各人に自分固有の山を持つことを認めたとしても、山の例えは、一度頂上に到達したらもう発見するものは何もない、ということを暗に示しています。

　ところが、木は生きているので、人は育てることを止めることはなく、したがって、絶えず枝を伸ばし、前よりも常に美味しい実を次から次へとつけていくのです。

　そういうわけで、「官能瞑想」を教える人は、たとえ彼らが受ける唯一の名称がガイドであるとしても、まず何よりも庭師なのです。なぜなら、彼らは育ち始めた若木をできるだけ早く、しかも、できるだけ調和的に育てあげるためのガイドなのですから。

　しかし、有能なガイドも、決して「師」（maître）と呼ばれてはなりません。なぜなら、「maître」はラテン語の「magister」から来ており、それは「命令する人」を意味しているからです。ガイドは命令するためにいるのではなく、取り得るあらゆる道を若木自身が発見するように仕向けることで、若木が良い方向に根を伸ばしていくようにしてやるのが、その使命なのです。若木が最良の決定を下すのを助ける最上の方法は、若木が無限との絆であるその感覚を発達させるように仕向けることです。

　ところで、すでに見てきたように、「瞑想する」（méditer）という言葉の語源は、ラテン語の「meditari」で、それは自分を訓練するという意味です。したがって、「官能瞑想」とは、無限のより良い知覚を目指した感覚の訓練です。それによって私たちは、自分自身が無限であると最終的に感じることができるようになり、また、まったく自然に、最上の方向に自分自身を発達させることができます。

　無限と調和することで、人は、今度は自分自身が、まだ無限を自覚していない人々の前に無限が姿を現す際の、媒介者となるのです。

　人々は、自分を構成し、あるいは自分がその構成要素である無限のスポーク

85

スマンに、自分自身が成り得るということを自覚していません。そうした人々に向けての無限の自己開示が、ガイドの本質なのです。

ガイドは愛を教えたりはしません。彼は愛そのものなのです。なぜなら彼は、他の人々の進歩を眺めることがその快楽であり、彼らの輝きから養分を得ているからです。

ガイドは教えるときに、個人個人を見てはいません。彼は、彼らを構成している無限を彼ら個々人が自覚するのを助けることで、無限が自己顕現するのを見ているだけです。

ガイドは、愛されたり賞賛されるために教えるのではありません。彼は、無限の一部分である他の人々に、自分自身を自覚する幸せを与えるために教えているのです。なぜなら、彼は他の人々の中にいて、彼ら自身に生命の息吹きを与えているものを賞賛しているからです。

この本を読んでいるあなた、そう、あなた自身も、次第に自分自身を発見しつつある無限によって構成されているのです。ですから、あなたは今、そうであるように、感激しているのです。あなたがこの感激を伸ばし、育てていくのを助けるために、ガイドは存在します。

この「感激」（enthousiasme）という言葉の語源は、ギリシャ語の「enthou-siasmos」で、それは「神々により支えられた」を意味します。そして、私たちはこの観念が、実際は無限を意味していることを見てきました。したがって、あなたが「無限によって支えられた」状態になるのを助けることが、ガイドの目的なのです。

第8章

証言集

　官能瞑想による覚醒合宿（訳注：オープン・マインド・セミナー）に参加した人たちから寄せられた、数多くの証言があります。その中から、注目すべき個人的体験談のいくつかを紹介します。

ルネ・ジュルドラン（サン・テチェンヌ、フランス）

　8月5日、覚醒合宿の場所に着いた時、人前に出るのが大の苦手なこの私を、何がここに来させたのだろうかと、未だに自問していたのでした。

　突かれたカタツムリのように、私を「殻の中に閉じ込めてしまう」心の傷に、すでに数年間悩まされ続けていましたので、私は心が暗くなっていたのです。意地悪や軽率な行為には比較的無頓着でしたが、ここ数年来、言葉が持つ破壊力を痛感し、恥辱や苦悩、他者に対するいわれのない恐れを知ったあとは、私は精神的に傷つき、孤独の中に逃げ込んでいたのでした。

　ちょうど心がこんな状態のときに、私は、ラエルとラエリアンを知ったのです。非常に強烈な何かが私をそこに押し出したのです。それでも私は、警戒中の兵士のように、畏縮し、警戒して緊張していました。

　翌日から合宿が始まり、数十人の男女と共に、私をひどく頑にさせると同時に感じやすくさせ、ですから、どうしても解決しなければならなかった、性の問題に取りかかったのです。ちょうど中毒の原因となる異物を身体から取り除くように、各人が、自分自身の苦い思い出を吐き出したのでした。

　私は、自分がそんなことができるなんて思ってもいませんでしたので、私は自分が抑揚のない声で、独り言でも言うように喋っているのを聞きました。で

もそれは、前日には他人だったこれらの男女の人たちに対し、急速に抱くようになった信頼感に裏打ちされていたのでした。私は、今まで知っていたのとはまったく違う種類のラエリアン的友愛を発見し、長いあいだ背負ってきた重荷を彼らの前で降ろしたのです。

　合宿の全期間にわたって、ラエルは、私がしばしば冷笑と下種な注意のみを受けてきたこの問題に、率直に、しかも良識と深い知識をもって取り組んでくれました。

　私自身の中に生じた深い変化をまだ完全には自覚していないとしても、合宿が私の人生を著しく変えたということは言えます。

　肉体と精神が開くにつれて、自分と他人とをより良く意識するにつれて、少しずつ私は、生活の見方や仕方が大きく変わってきたことに気づいていきました。

　今まで抱いてきた価値観は、もはや古いもののように思われ、人物や事件を、あたかもそれらの偽りの上辺が取り去られて本来の重要性を取り戻したかのように、今までよりも遥かに、鋭く冷静に見ることができるようになったと思いました。

　私は、より大きな感受性と共に、子供時代の物に感嘆する能力、事物や人間に対するまったく新しい見方、女性やあらゆる形の生き方に対する愛情に満ちた目を、再び発見したのです。

　この内面的な革命は、今までとは違った行動として現れたので、問題も生じました。私はそのことにすぐ気づいたのですが、私がつき合っていた人たちは、いつも私を理解してくれたわけではなく、またどうして私が変わったのかを理解しようともしませんでした。

　私は自分の思う通りに生きたいという欲求と、自分が愛したり好感を抱いている人たちに、ショックを与えるのではないかという恐れに揺れ動きながらも、私は絶えず良識ある行動によって、自分の生き方を表現しようと努めたのです。

　結果として、一緒に生活してきた人たちは、私を今までとは違って、訝しさと驚きの目で見るようになり、一般的には私の生き方を尊重してくれました。というのも、私は自分の価値を認めてもらうのに、彼らの理性に訴えたからだと思います。そして、私に対する彼らの態度からすると、私は一目置かれる存在になったと信じています。

第8章：証言集

シャンタル・ルムテイヤー (レンヌ、フランス)

　覚醒合宿を終える以前は、私の生活は、こんなにも張りのあるものではありませんでした。実際、自律的な人間ではなかったので、他人に頼って自分の問題を解決しようとする傾向が強かったのです。引き換えに何も与えることをせずに、自分の持っていないものを探しに出かけていたわけです。

　私は、消費システムの中に浸っていました。まったく人々は、対話と交換の精神をすっかり忘れて、食物と言葉を貪っているのです。

　覚醒合宿のおかげで、私は交換の重要性を体得しました。この交換こそ、生命を生命たらしめているものなのです。しかしそのためには、在るがままに知り合い、愛し合うことが必要です。それは、とても簡単なことなのです！
「もしあなたが、ほんのもう少し自分を愛するのであれば、他人を愛するようにもなるでしょう」

　合宿の期間中ラエルは、呼吸の重要性を強調しながら、私たちに肉体の、そしてひいては、精神の覚醒の基本を教えてくれました。呼吸によって、外界との交換が可能になっているのです。しかしそれだけではなく、私たちの肉体は他の感覚も備えています。それらは一日中働いているのですが、私たちはそれを意識していません。しかし、それらが存在しなければ交換もなく、したがって生命も存在できないでしょう。

　ラエルは、私たちに感覚を官能的に用いることを教えました。この合宿は官能的な再生でした。ですから、私は毎日、生きようと努めています。周囲の人々の反応から自分の進歩に気がつきます。ある人が私にこう言いました。
「お嬢さん、あなたをとても信頼しています。なぜって？　あなたはいつも微笑んでいるから」

　この合宿で、私は人生とは型にはまったものではなく、逆にそれと一つになるときは、限りなく豊かになるものであることが分かりました。いま私は、自分の内部においても外部においても、人生の何たるかを感じています。

　一切は単純明快です。私の人生は、交換と愛と呼ばれる素晴らしい調和的関係によって、形づくられているのです。

ピエール・ガリ（元エンジニア／パリ、フランス）

　みすぼらしい教育の虜になり、何世紀にも亘る蒙昧主義が伝えてきたあらゆるタブーにぶつかって、私は暗闇を彷徨ってきたのでした。

　ところが、突然、太陽が昇ったのです。そうです。ラエルが指導した覚醒合宿で、私は「官能瞑想」を発見したのです。これは私にとって、新しい人生の始まりとなりました。閉じられていた鎧戸のすべてが、素晴らしい風景の下、開け放たれたのです。私は、私の身体の秘密を再発見したのでした。

　合宿で私が得たものを、すべて言葉で伝えるのは非常に困難です。しかし私は、いつの日にかすべての人が、私が「官能瞑想」によって見、感じたことを体験できるようになるのを、ひたすら望んでいます。

　この「官能瞑想」で私は、素朴な喜びを再発見し、一つひとつの事柄、過ぎて行く一瞬一瞬に、快楽の無限の源泉があることを学んだのです。つまり、子供の瞳、夏の雨の冷たさ、花、さえずる小鳥……。花から花へと蜜を吸う蜜蜂のように「官能瞑想」は、私たちに、生きている瞬間瞬間に全感覚を用いて、生命のエッセンスを汲み取ることを教えてくれたのでした。

　現在は、多くの人々が、毎朝いつもながらの生気のない顔をして目を覚ましています。しかし私の精神は、めくるめく色彩の輝きの中で目覚めるのです。無限のエネルギーが脳の最も奥深いところから湧き上がってきて、私の全細胞を輝かすのです。想像力や創造性は何の障害もなく自由に羽ばたき、官能が舵取りをします。

　私の肉体は素晴らしい花の蕾だったのですが、文明や宗教が日陰を作り、成長を阻んでいたのです。「官能瞑想」は、蕾を育てた陽の光であり、空間と時間の無限と調和して、私を開かせてくれたのでした。

ローランス（アヴィニヨン、フランス）

　私は16歳でローランスと言います。私は「官能瞑想」の何たるかを発見したのですが、それは一つの天啓、焼けるように強烈で、まるで官能的な愛撫のようでした。いや、それ以上の喜び、エクスタシーと言っていいでしょう。私は長年ヨガをやってきましたが、それとは比べようもありません。私は、私の身体全体と全存在、そして他の人々とも完全な調和を感じたのです。

カセットに録音された、ラエル、あなたの声が私の奥深くまで沁み込み、私の身体は隅々まで情熱で満たされたのです。私は愛と幸福に酔いしれました。私は動いたと感じることなく起き上がり、彷徨い、運ばれ、浸り、空中に持ち上げられていました。それは最高の境地で、私は自分を取り巻くすべてのものと調和している、と感じたのです。

日曜日、私はセヴェンヌ山系に行き、テープレコーダーとカセットを持って、山の頂上まで登りました。私はそこで仰向けに横たわりました。そこには広大な空が……。私が感じたことを一体どう表現したらよいのでしょう。この酔いしれた感じを表すのに十分強烈で、官能的な言葉を見つけることができません。

私は以前、心地よく存在しているという幻想を味わうために、大麻やアンフェタミンを使用していました。でも今は、これらの麻薬のすべてが全く色褪せたものに思えます！ 私はそれらを全部やめました。「官能瞑想」を知った今となっては、それらは全く取るに足りないものになってしまったからです。私は理想のものに出会い、こうして息をし、生き、存在し、それだけで十分だということを今は分かったのです。

私は、色々な物や花を、もっとよく眺めることを学びました。時々は花と会話をし、その美しさにうっとりします。そのとき、時間はなくなり、ただ無限があるだけなのです。

ピエール・シモン （レンヌ、フランス）

今年の夏、覚醒合宿で瞑想を体験したあと、私は自分の個性と可能性をよく自覚して、精神がより明晰になったように感じています。

それだけでなく、身体全体の調子も良くなったのが分かりました。私は腰部脊椎が硬直しており、軽度の身体障害者です。でも、「官能瞑想」を実践して以来、この部分が軟化してきているのが分かります。これはもっぱら、瞑想の前に行う呼吸トレーニングのおかげだと思っています。とにかく私は、自分の経験をぜひ知ってもらいたかったのです。

アレクサンドル・ドウニ （サン・ウバルト、カナダ）

私は喜びで、もう胸がいっぱいです。ラエルよ、肉体と精神の覚醒合宿で、

あなたと過ごしたあの忘れられない一時（ひととき）のために、私はあなたに心からお礼を言いたいのです。私が最高に感じた時は、新しく生まれ変わるために無になる瞬間（しゅんかん）でした。私はあまりにも強く感動したので、この喜びを世界中に向かって叫びたくなったのですが、感動のあまり声も出なかったのです。

この時以来、私は新しい人間に生まれ変わり、67歳にして新しい人生を歩み始めたのです。

シモヌ・ダヴィッド （モントリオール、カナダ）

私はもう相当な歳（とし）なので、進歩はゆっくりでしたが、しかし確実にそれは進んでいきました。変化は根本的なものでしたので、私の周りの人たちは、一体何が起きたのかと私に問い質（ただ）しました。

今私は、少しでも長く生き続けたいと、願っていることを告白しなければなりません。私の内部から湧き出てくるこの幸福感。時が経（た）つほど、瞑想（めいそう）が私たちを変えていくことに気づきました。私にとって、ラエリアンであること以上の幸福はありません。この確信は揺（ゆ）るぎないものです。私は誠実です。そして遂（つい）に、長年求め続けてきたものを発見したのです。

ミシェル・ヴァイラー （園芸家／カナダ）

私が、ラエルと、彼に託（たく）された私たち人類の創造者（そうぞうしゃ）エロヒムからのトレーニング法を知ったとき、私の人生は懐疑（かいぎ）でいっぱいでした。私は男であることが恥ずかしく、社会的・経済的・政治的・神秘的・狂信的バカ騒ぎの醜悪（しゅうあく）さに、顔を合わせて生きていく勇気がありませんでした。これらのどれ一つとして、打撃を受けずにはその扉（とびら）を開くことはできなかったのです。一方で、誕生して以来ずっとその中に浸（つ）かってきた原始的な蒙昧主義（もうまい）に、顔を合わせて生きていく勇気もなかったのです。

そこにいると、背と腹がくっついて窒息（ちっそく）しそうでした。私はひたすら何か別のもの、私が楽に息ができ、論理的で、真実で、しかも人間的な、何か別のもの（さが）を探していました。

当時の私は臆病（おくびょう）で、気分も優（すぐ）れず、相手がたったひとりでも、自分の言いたいことを上手（う　ま）く表現できませんでした。その上、私の官能の嗜好（しこう）は男性の肉体

との接触により純化されていったのです。そういうわけで私は、道徳・宗教・教育や、只のくだらぬ慣習によってすら傷つき、罪悪感に悩まされ続けていました。

あなたはまだご存知ないかもしれないが、人が同性愛者であるということは、人が青い目を持ち、サイズ38の靴をはき、1メートル42センチの身長である……のとまったく同じことなのです。すなわち、個人個人の細胞核にある染色体の内部で人間各人を特徴づける遺伝子が、その人の個性、嗜好、体型その他を完全に決定してしまうのです。

全く破廉恥なことには、中世ではヒステリー患者が殺され、つい最近までは蒙昧主義の宗教によって異端者が殺され、現在でも、強制収容所や刑務所に閉じ込められた政治的分派や同性愛者が殺されています。パリでさえ、同性愛者は投獄され、拷問され、幽閉され、ブラックリストに載せられるのです。従って彼らは、無知で不正を黙認するゲットーの中で、こっそりと生きることを余儀なくされたのです。私たちの科学者の活躍により、同性愛者であることも遺伝子によって決定されるということが、非常に簡単に理解できるにも関わらず。

ラエルのこのトレーニング法を知って実践して以来、せいぜい2年が過ぎただけですが、私はすっかり変わりました。私は、まだ開発していなかったあらゆる能力を少しずつ発見し、私の能力の覚醒により自分自身の開発を始めたのです。それはちょうど、自分の土地を見つけた園芸家が土地を耕し、種を蒔き、育て、最後に穫り入れるのと同じです。

すべての耕作は、種々の技術的な知識、少しばかりの経験、そして多くの良識……を必要とするのです。

ラエルのトレーニング法もそれと同じです！　最初に自分の庭を開墾し、苗や木を花でいっぱいにし、しかもその花が、最も素晴らしいものになることを望む必要があります！　まだ開かれていない土地を耕し、雑草や茨、過剰な石灰質を取り除いて土地を中性にし、気候や土壌にうまく調和して、生長するようにしてやる技術が必要なのです。

園芸家の思慮深い目で、絶えず土地の平衡を維持させるために、物事の順序を間違えず、その土地がどんな早さで何を育てられるかを知り、何が欠けて何が余分かを知る良識が必要です。

経験によって、土地は生物学的であり、従って必然的に、化学的であることが分かります。そうでなければ、ニンジンは育つことがないのですから。私た

ちが呼吸するのと同じように、土地も生きていることは明らかです。ニンジン、タンポポ、そして人間も、各細胞の中にある、個体の遺伝子コード内に精巧に組織登録された素晴らしい機能によって、あらゆることに反応しているのです。これらはすべて、地球規模の調和的平衡の要因です。そして人間のみが、それを理解し、実現する能力を持っています。

今日私は、私を喜ばせるあらゆる感覚の、最大限の開花を目指しながら、性生活を送っています。私は心地よく暮らしており、病的な臆病さも次第になくなり、それにつれて、攻撃的な性格もコントロールできるようになりました。

さらに、100人以上の前で講演をし、最も簡潔に、そして他人への大きな尊敬を込めて、ひとり一人に自分を表現することができます。

私は、今まで眠っていた無限の可能性が自分の中に湧き出てくるのを感じ、その開花の速さをコントロールすることができます。なぜなら、「官能瞑想」の最大の効能は、官能のトレーニングによって惰性から目覚めた脳がフルに回転することにより、すべての行為、すべての思考を管理・コントロールすることだからです。

〈追伸：私は1967年以来悩まされ続けてきた、胃潰瘍のことを言うのを忘れていました。医者は手術を勧めましたが、私はそれを拒否して同毒療法を試みたのですが、10年間、何の効果も得られませんでした。そういうわけで、私が「官能瞑想」をやり始めたときは、私は絶えずこの病気に悩まされていたのです。ところが、始めてから数カ月経つと、潰瘍は全く消えてなくなり、その結果、それについて話すことすら忘れていたのです。しかし、レントゲン写真と診断書は持っています。一方、正にこの潰瘍のおかげで、大変嬉しいことに、兵役不合格の軍隊の証明文書もあるのです〉

N・C （ケベック、カナダ）

私は今24歳で、16歳の時から性生活を始めました。ですから8年間、私は不感症だったのです。つまり私は、私の身体でパートナーが男らしさを感じるのを見るのを、唯一の楽しみにしてセックスをしてきたのです。男性に快感を与えることに、快楽を感じていたにすぎません。多くの女性と同じように、自分が異常でないことを示し、男性が男らしさを感じるように、自分は感じたフリをしてきたのです。

第8章：証言集

　ところが、24歳で「官能瞑想」を発見して、私は初めてオルガスムを知ったのです。この新発見はとても言葉では言い表せません。私は、どんな薬でも治すことのできなかった定期的な不安と落ち込みに悩まされていましたが、この肉体の快楽の発見により、すべてが消え去ったことも述べなければなりません。

　私がただ望むことは、すべての女性がこの喜びを発見できることです。というのも、女性の70パーセントは、オルガスムを知らないということですから。

クリスチャン・ガリエピー（モントリオール、カナダ）

　私は今、快楽、いや幸福そのものの引き出しを見つけ、そこから何でも自由に取り出せる気がします。

追 加 情 報

　本書の著者または著者の組織する国際ラエリアン・ムーブメントに、本書および関連事項について、さらに詳しい情報を問い合わせたいという方は、著者宛に次の宛先までお願いします。

c/o The International Raelian Movement
Case Postale 225, CH-1211
Geneva 8
Switzerland

〒289-2311 千葉県香取郡多古町本三倉 640-A1
日本ラエリアン・ムーブメント「ラエル氏」宛
E-mail : japan@rael.org

　国際ラエリアン・ムーブメントと関連組織の公式のインターネットアドレスは、次の通りです。

www.rael.org
www.raelianews.org
www.raelradio.net
www.rael-science.org
www.raelafrica.org
www.apostasynow.org
www.subversions.com
www.icacci.org

　この本に関連した選り抜きの科学ニュースをメール配信する rael-science への登録をご希望の方は、次のアドレスに空メールを送って下さい。

subscribe@rael-science.org

セミナーと各国のラエリアン・ムーブメントの連絡先

　毎年、世界中でセミナーが開催されています。そこには、預言者ラエルからエロヒムの教えを聞くためにラエリアンが集まります。セミナーに参加してみたい方、または近くに住むラエリアンに連絡を取りたい方は、次に挙げる各国のムーブメントの連絡先までお願いします。

　104カ国を超える連絡先すべてをご覧になりたい場合は、www.rael.org にアクセスして下さい。

AFRICA
05 BP 1444, Abidjan 05
Cote d'Ivoire, Africa
Tel: (+225) 07.82.83.00
E-mail: africa@intelligentdesignbook.com

EUROPE
7 Leonard Street
London, England, UK
Tel: +33 (0)6 16 45 42 85
E-mail: europe@intelligentdesignbook.com

AMERICAS
P.O.BOX 570935
Topaz Station
Las Vegas, NV 89108, USA
Tel: (+1) 888 RAELIAN
Tel: (+1) 888 723 5426
E-mail: usa@intelligentdesignbook.com
E-mail: canada@intelligentdesignbook.com

OCEANIA
P.O. Box 2387
Fountain Gate
Vic 3805, Australia
Tel: +61 (0)419 966 196
Tel: +61 (0)409 376 544
E-mail: oceania@intelligentdesignbook.com

U.K
BCM Minstrel
London WCIN 3XX
England, UK
Tel: +44 (0)7749618243
E-mail: uk@intelligentdesignbook.com

ASIA
640-A1 Motomikura
Tako-machi, Katori-gun
Chiba 289-2311, JAPAN
Tel: (+81) 479 75 8030
Fax: (+81) 479 74 8007
E-mail: asia@intelligentdesignbook.com

ラエルのその他の著書

地球人は科学的に創造された　～創造者からのメッセージ～
あらゆる疑問に答える「全人類必読の書」

　本書の著者「ラエル」は、1946年9月30日、フランスのヴィシーに生まれました。15歳の時に家出して歌手となりますが、子供の頃からの夢だったカーレーサーを目指し、数々のレースで優勝を成し遂げました。また同時に、カーレースのジャーナリストとしても活躍し、27歳のころには、専門誌の出版社を設立して成功を収めていました。

　ところが、1973年12月13日、フランス中部のクレルモン・フェラン近郊の火山噴火口で、「エロヒム」と名乗るひとりの異星人とコンタクトして以来、ラエルはエロヒムから託された、「人類の起源・現在・未来」に関する〝真実のメッセージ〟の全世界への普及と、エロヒムを地球に歓待するための「大使館建設」という、二つの大きな運動に専念するようになりました。ラエルはエロヒムから受け取った〝真実のメッセージ〟を当時下記の本にして、フランスで出版しました。

　①『真実を告げる書』②『異星人が私を彼らの惑星へ連れて行った』③『天才政治』④『異星人を迎えよう』⑤『官能瞑想』の五冊です（丸数字は出版順）。本書は、①②④の三冊を合本にした英語版『INTELLIGENT DESIGN』の日本語版です。

天才政治
大きな政治的議論を呼ぶ話題を扱う本。

　民主主義は不完全な政治形態であり、いずれ天才たちによる統治「天才政治」に取って代わられることになります。この方式の下では、知性のレベルが平均より50パーセント高い人でなければ、議員の選挙に立候補できません。さらに、

投票の資格を持てる人は、知性のレベルが平均より10パーセント高くなければなりません。すなわち、天才政治とは選択的民主主義のことです。

これら崇高で高度な概念は、すでにエロヒムの惑星で採用されています。私たちがもっと良い方式を創出できない限りは、エロヒムは私たちに、天才政治と同様な方式を実行する準備を始めるようアドバイスしています。というのも、人類の進歩のすべては、結局のところ天才たちの業績にかかっているのですから。

この本の中でラエルは、知性と適正を評価するテストの作成が十分に可能となれば、地球上でもどのようにその過程が進んでいくのかについて説明しています。

クローン人間にYes！
バラ色の未来を垣間見る。

ヒト・クローニングサービスを行う世界初の企業、クローンエイド創始のきっかけとなるアイデアを提供したラエルは、この本の中で、現代の科学技術が永遠の生命の探求の第一歩であることを説明しています。

ラエルは卓越した先見の明を持って、私たちに驚くべき未来を垣間見せてくれ、初期段階にある私たちの科学技術がどのようにして私たちの世界に大変革を起こし、私たちの生活を変えるのかを説明しています。

これは、想像を絶する美しい楽園の世界に対する準備を私たちにさせてくれる本です。そのような世界では、ナノテクノロジーによって農業や重工業は不要となり、超人工知能がすみやかに人間の知性を追い越し、すべての退屈な作業を代わりにしてくれるようになり、永遠の生命がコンピュータの中や、次々と常に若返らせていく肉体の中で可能になり、世界は娯楽と愛の場所となり、誰も働く必要がなくなることでしょう！

マイトレーヤ
「ラエルの教え」からの抜粋。

予言されていた「西洋からのマイトレーヤ」ラエルは、過去30年以上に亘る数多くのラエリアン・セミナーにおいて、彼が教えてきた内容から抜粋して編集したこの本の中で、素晴らしい教えと見識を皆さんに伝えています。

　愛、幸せ、静けさ、精神性、観照すること、完璧という神話、非暴力、科学、恋愛関係など、様々な話題について書かれた本書は、自らを成長させることに関心があり、かつ、より充実した楽しい人生を送りたいと望むあらゆる人々にとって、最適な情報源となっています。

参考文献

『**Art et science de la créativité**』（創造性の技術と科学）
publication du Centre culturel de Cerisy-la-Salle, publié dans la collection 10/18 par l'Union Générale d'Editions.

『**Evolution ou création**』（進化か創造か）
publié par les Editions S.D.T., 77190 Dammarie-les-Lys, France.

『**L'orgasme au féminin**』（女性におけるオルガスム）
publié par les Editions de l'Univers, 1651 Saint-Denis, Montréal, Canada.

Sensual Meditation

ハーモニー・メディテーション
五感の覚醒から脳内の覚醒へ

70AH／2016年6月1日　初版発行
73AH／2019年4月7日　3刷発行（改訂版）

著　者／ラエル
日訳監修／日本ラエリアン・ムーブメント
　　　　　〒289-2311 千葉県香取郡多古町本三倉 640-A1
　　　　　TEL 0479 (75) 8030　FAX 0479 (74) 8007
　　　　　E-mail: japan@rael.org
　　　　　URL http://www.rael.org

発行者／山崎　茂
発行所／有限会社　無限堂
　　　　　〒289-2311 千葉県香取郡多古町本三倉 640-A1
　　　　　TEL 0479 (74) 8006　FAX 0479 (74) 8007
　　　　　E-mail: mugendo@rael.org
　　　　　URL http://www.mugendo.co.jp

印刷・製本／藤原印刷株式会社

©Japanese Raelian Movement 2012／Printed in Japan
乱丁・落丁の場合はお取替え致します。定価はカバーに表示してあります。
ISBN 978-4-900480-38-4